子育て
孫育て

則良

まえがき

昭和年代までの**家族構成**は、祖父母、両親、子ども、孫の四代が同居しており、たまに従兄弟の数家族も加わる**大家族**さえある状態でした。そのため子育ては、勿論、両親が責任を負ってはいましたが全員が関わっており、特に**経験豊富な祖父母**が助言してくれたり、人数が多いだけに家族同士が意見を出し合い、モデルを示してくれたりして、難なくスクスクと育っておりました。

ところが、昨今では家族構成が様変わりしてしまい、両親と子どもだけの少人数の家族、いわゆる「**核家族**」が多くなりました。加えて**兄弟**も昔は多人数でしたが、一人っ子か、たまには三人以上いる家庭もありますが、少なくなってきました。そのためか、両親が子育てに行き詰ったとき、尋ねたり相談できる役割を果たす家族がいなくなりました。また、兄弟同士が揉まれて育つ機会が少なくなりました。

二年程前になりましたか、全く予想することさえ出来なかった**コロナウイルス感染**が爆発的に流行してきました。感染を避けるために幼稚園や小学校等が閉鎖されたり、行事等を取り止めたりしました。また、家庭でも外食しない、戸外では遊ばない、小旅行はしないなどの制限が出されました。勿論、塾も休みになりました。子どもたちは専ら家庭で**閉じ籠っての生活**を余儀なくされました。

このような閉ざされた生活環境が子どもや家族にとって良いはずはありません。家庭での育て方が一歩間違えば、ストレスが高まり、身体の不調や不眠症などの心身症になる危険性さえあります。

考えてみますと、子育てに結びつく課題はますます増加傾向にあり、対応が求められております。近年、世の中は目覚ましく移り変わり、**多様性、国際化、情報化等**、留まるところを知らず発展しております。子育てはそれに伴い、対応して変わっていかなければなりません。

所で**筆者**に付いてですが、五十三年間、大学や研究機関に勤務しながら**教育心理学**を専攻していた関係もあり、広島県や近県の公的機関や福祉団体の要請により、保育園、幼稚園、小学校、特別支援学校、児童福祉施設、ボランティア団体等に出張して授業を参観して望ましい有り方を話し合ったり、対応に苦慮されている子どもの相談を受けたり、合宿に参加して夜通し話し合ったりしておりました。中には長いお付き合いになり子どもが成人した後まで、今日まで関係が続いているお方もあります。

以上のような時代の緊迫した状況に思いを馳せるとき、筆者にできることは十分に役割は果たせませんが、これまで実践し経験してきた内容を紹介して、家族や関係の先生方のお悩みに多少でもお応えできるのではないかと考えまして、**小冊子**を発刊することに致しました。お役に立てて頂ければ幸甚です。

田口 則良

目次

第一章　子どもの元気の源は親子の信頼関係にあり

1、子育てはどのように進めればよいか

子どもたちは成人になると親の元を離れて自立し、生活するようになります。職業については、現代では世襲制ではなく勿論、子ども本人が望むのであれば、親の仕事を継いでもかまいませんが、一般的には一代限りで終わる場合が多くなりました。

一体、子どもたちを育てるのは何のためでしょうか。勉強させればさせるほど自立し、親元を離れて遠くに行ってしまうのが現状です。わが子を一人前に育て上げる目当ては、少なくとも家系を継ぐために役立つ人間の育成ではありませんね。子ども自身が独立して不自由することなく社会生活が送れ、社会にとって有能な人間になれる力を育成するということではないでしょうか。

2、母親により子育ての考え方は異なる

母親の考え方には、「**母親として生きる**」と、「**女性として生きる**」の二つの型がありま す。勿論、中間の型もあるでしょう。先ず、前者については、家庭を守り、何らの報酬も期待しないで、一途に子育てに専念する行き方をする母親です。現在では、電化製品などが普及して家事の近代化が進み、その上、塾などの教育産業が活用できるようになったため、生き甲斐を子どもの教育に求める「**教育ママ**」が増加してきました。

他方、後者のタイプの母親は、職業を持ち、責任のある役職に就いたりして、直接、子育てできない状態になりがちで、日常生活の多くの時間を留守家庭の子どもを扱う施設や、学習塾・スポーツ塾などを利用させ、その代償として、家庭にいるときは、過度に気を遣って、金品を与えたりして、溺愛する傾向になってしまいます。勿論、子育てを両親が分担し合ってスムーズに行っている家庭もあります。

近年、ニュース等で散見するのは、前記の二型に該当しない特殊な驚くべき母親たちの存在です。子育てができない、それ以前の問題として子どもが好きでない女性がいることです。炎天下、わが子を車の中においたまま、長時間、パチンコに興じて死亡させた女性、父親の激しい虐待が怖さのあまり、制止しないで死ぬまで傍観していた女性、一人では食べることが出来ない幼児を家に置いたまま、数日間旅行して餓死させた女性など、常識では考えられない、母親とは言えない女性が存在することです。いわゆる「**母性拒否症候群**」の存在が認められるようになりました。

父親の役割についてみますと、近年、家族関係の中ではますます影が薄い存在になってきたように感じられます。家父長制がなくなり父親としての権威がなくなりました。昔は「世の中で一番怖いのは、地震、雷、火事。おやじ」と言って、父親の存在を表しておりました。その代わり、母親への依存度が一層、強くなってまいりました。以前は、父親が家庭生活での過ごし方を通して子どもに社会性を体得させるモデルとして役立っていましたが、現在では難しくなってきた感があります。

3、子育ての違いによりどう変わる？

小学校の授業を参観しますと、しばしば、新しいタイプの子どもに遭遇し、当惑することがあります。**第一のタイプは、特定教科だけ成績がよく、**他教科は関心がなく、集団のルールに至っては全く身についていない子どもです。A君は4年生で背丈は中位で痩身です。国語と算数が得意でクラスの上位にあり、その時間だけは積極的に参加します。

先生の質問に対しては、〝当てて、当てて〟と腰を浮かせて手を挙げ、発言を求めます。〝今、当てたばかりだから、良いでしょう〟と言われて、他児が指名されると、〝どうして当ててくれないの〟と大声で不平を言います。他教科になると全く関心がないらしく、教科書を開こうとさえしません。ふっと席を立ち、学級文庫から本を取り出し座り込んで読み始めます。〝今、授業中でしょう〟と注意をすると、〝もう少しで読み終わるから〟と頑として従おうとしません。ときどき、眉の間にしわを寄せる癖、「**チック**」があります。

第二のタイプは、すべての教科に関心がなく、集団のルールにも全く従えませんが、指導すれば一見、伸びそうな子どもです。B君は3年生で背丈は低い方で太っています。全校朝礼のとき、静かに立っていることができず、すぐにしゃがみ込んで砂いじりをしたり、場所を離れたりします。授業中の態度も姿勢が悪く、常時、そわそわしており離席が多いです。席につくように注意すると、大声で泣き叫び、手当たり次第、物を投げたり、傍にいる子どもをひっかいたりして大暴れをします。あたかも赤ちゃんが小学生になったかのように見えます。

以上の二タイプの子どもについて、生い立ちを調べますと、どちらも**親の養育態度に問題があり、共通して「溺愛」**が認められます。**第一のタイプの子**には、親に国語や算数ができるようになって欲しいという異常なまでの片寄った期待があります。それができさえすれば、将来の進学は難なく乗り越えられると信じているようです。そのため、国語や算数などの勉強には熱心であり、入学試験にその反動として、直接関係のない教科や生活習慣については、非常に寛大であり、子どものいいなりになっています。このタイプに類似した子育ての仕方は、多くの親にその傾向が認められるようです。進学に関係が深い教科の成績については、非常に気になり一喜一憂しますが、それ以外の教科などの成績になると、あまり気にならず眼中にありません。

第二のタイプの子は、とにかく、その子どもを中心に腫物でも触るように大切に取り扱われてきたのであり、どのように育って欲しいかという期待が見出せない点に特徴があります。生後三歳頃になると思うままに動きたいという**第一反抗期**が生じます。遊園地で「もっと乗り物に乗りたい」とねだる子どもに「これだけで我慢しなさい」と制止する内に、要求を通そうとする気持とそれを我慢する気持が身につき、**自分の考え方**とか、**我慢する力**が育つのです。恐らく、ねだられるままに何にも逆らわず対応されてきたのではないでしょうか。

三歳にもなると、親は認めて良いことと悪いことを区別して、そのときの感情に振り回されず、一貫して、子どもの要求に対応することが大切であるのに、乳児期と同じように、母親がいわれるままに何でも応じてやったのでしょうか。それが親の真の愛情だと勘違いされていたのではないでしょうか。その結果が、赤ちゃんがそのまま成長して小学生になったような子どもが育ってしまったのでしょう。以上の二タイプに遭遇したとき、私は小学校の授業で困らない、集団生活に耐えられる子どもを幼少時から見通しを持って育てて欲しいものだと切実に思いました。

4、子どもが育つ家族関係

先ず、第一に、父親と母親とがそれぞれの役割をお互いに尊重し合い、果たすことが重要でしょう。多くの家庭では父親には、通常は生活費獲得のため仕事に専念することと、家族の代表として対社会的問題を解決することが求められます。また、母親には、家族の中での感情的問題を最小限度に食い止め、和やかな雰囲気づくりに努力することが求められます。しかし、現代では、母親が職業に就き、父親が子育てをする家族関係や、父親が育児休暇を取って子育てに当る新しい関わり方も認められるようになってきました。とにかく、どのように両親の関係が変わってきましても、**お互いの立場や役割を尊重し合い、**子育てに関わることが大切でしょう。

第二にわが子を一人前の人間として認め、接することではないでしょうか。子どもは、親の所有物ではありません。子どもの側に立ちますと、私は好かれており、必要であると思われており、相手にされていると、子ども自身が感じていることが大切です。そのためには徹底して子どもの立場に立って理解しようと努力する両親の態度が求められます。

第三に勉強は子ども自身がやる気を起こして行うこと、遊びもまた、子ども自身で決めて遊べるよう本人に気付かせることが大切です。戸外での遊びも社会性を身につけるため役立つし、テレビを見るのも無駄な時間つぶしだけではありません。

子どもは、親の利害を満たすために存在するのではありません。責任ある社会人として、独り立ちできる人間になることが子育ての目的です。将来、両親とわが子が、**人間対人間として大人同士の対等な関係**が持てるようになれることが目的であり、真の親の願いと言えるのではないでしょうか。

5、親子の信頼関係

大分、昔に起った事件になりましたが、正月も明けやらぬ早々に、Aダムで中年の女性の絞殺体が発見されました。調査して分かったことは、わが娘がボーイフレンドのことで親子喧嘩の末、母親を絞め殺し、二、三日部屋の中に放置した後、ダムに捨てたとのことです。

娘は、犯行に及んだ後も、平常通り勤め先に出かけ、母親を探すふりをして知人に電話を掛けていたと言います。この事件についてどう思われますか。多分、この母親もわが子の将来を案じて、りっぱな成人になって欲しいと心をくだいていたのではないでしょうか。そのお返しがはだかにされ、紙くずのようにポイと捨てられてしまったのです。あまりにむごいではありませんか。

また、以前の話ですが、一月末のニュースでしたたか、口論の末、父親が持ち出したナイフで、高校生の息子が父親の太ももを偶然刺して大怪我をさせついに死なすという事件が報道されました。事情はどうあったにせよ、憎しみ丸出しで父親と対等に渡り合って取っ組み合いのけんかをした息子の行為には唖然としました。そこには、親子の信頼関係は全く感じられません。

一体、**親子の信頼関係**は、それほど育ちにくいものでしょうか。一度、意見の食い違いが起これば、すぐに破綻してしまうようなもろいものでしょうか。確かに、どこの家庭にも当てはまるというように一般化してしまうわけにはいかないことは分かります。

親の子を思う心情は誰しも変わりはなくても、触れ合い方に問題がありその長い間の積み重ねによって、にっちもさっちもいかなくなる悪い親子関係までいたる場合があるのでしょうね。場当たり的にその時の虫のいどころにまかせて褒めたり、叱ったりしていると、何かが起こったとき、取り返しのつかない事件にまで発展してしまうのではないでしょうか。

テレビのインタビュー番組の紹介ですが、卒業間近な学生との対話で〝卒業したくないので、いくつかの単位を残して留年することにしました〟アナウンサーが〝そのことについて、両親に相談しましたか〞と尋ねると、〝したって仕方がありません。自分で決めてきたことだから。**スポンサー（親のこと）**は、四年間しか送金してくれないと言っていますから、後は授業料、生活費を稼がなければなりません〞この会話を聞きながら、今の親は学生からみると、スポンサーまでに成り下がってしまったのかと愕然としました。

そのことについて、その後、私が勤めていた大学の学生に意見を聞きますと、学生同士の会話の中では、結構、**スポンサーということば**を用いるらしいのです。それは「親」と発言するのが、照れくさくて、他意もなく、使用しているだけで、親への心情は変わらないと説明してくれました。それを聞いて、少しは、安心しました。

親子の信頼関係は、物質優先の社会の中ではますます弱体化していくように思えて仕方がありません。親が子どもの教育や将来性に対して夢中になればなるほど、反対に子どもは反撥し、反感さえ持つようになります。今こそ、親と子がどのように付き合うことが真の信頼関係を育てることになるのか、本気で考えないといけませんね。

第二章　発達段階に沿ったタイムリーな子育て

各年齢には、それぞれ習得しやすい「**発達課題**」があります。能力が発現する時期にピッタリ合った支援をすると、簡単に覚えることができますし、時期がずれますとなかなか難しくなります。以下、年齢段階別に特徴や学び方等を紹介いたしましょう。

1、幼児期の接し方

幼児期の発達課題は、先ず、第一に思うようにならないとき必要な「**我慢する力**」を獲得することが挙げられます。二歳頃までは母親と一緒に過ごす時間がほとんどですので、つまり、許し許される上下関係の接し方ですので、どんな要求も受け入れてやることが大切です。三歳頃になりますと、わがままなど自己主張する芽が発現してきます。いわゆる「**第一反抗期**」です。この段階になりますと、なんでも受け入れてやるのではなく我慢することを教えます。反抗の表し方が強ければ強いほど取り扱うのは大変でしょう。それだけ、接し方も骨が折れますが、強い我慢する力が育つものです。四歳頃になりますと、他児と一緒に触れ合えるようになる**横関係の付き合い方**が発達してきます。その時、苦労して習得した我慢する力が役に立ち、更に強化されていきます。

第二の発達課題は、食事や排泄、衣服の着脱などの**生活習慣の形成**が挙げられます。絶対に叱ったり、無理強いしたりしないで、根気強く、繰り返し教えてやることが大切です。特に排泄は、昔、紙おむつがない時代は一歳で昼間だけ自立、三歳で夜尿もしないようになりましたが、現在は紙おむつが使えるようになったため、四歳の保育園入所時でもオムツが取れない子がいるようになりました。

三歳のA君は、玉子とコンニャク、お豆腐がどうしても食べられません。お母さんは何とか食べさせようとして、みじん切りにしたり、好きな食材に混ぜたり工夫して与えていましたところ、変なセキをするようになりました。初めは食事のときだけでしたが、次第に食事に関係なく常時、セキが出るようになりました。「**チック**」と言います。「おかあさん！どうしても食べられないよ。助けて！」という心の叫びではないでしょうか。

私が「無理強いして食べさせるのは止めて下さい。その内、無理なく教えられる時がきますから」と助言しましたところ、一週間ぐらいで治まりました。**チック**（tic）は、四歳から九歳頃までの子どもに起こりやすく、発生率五％で、成人になっても続く人もいます。

三つ目の発達課題は、**発語**です。一歳の誕生日の頃になりますと、破裂音「パパ」「ママ」などが言えるようになります。これは、発音を模倣するのを楽しんでいるだけであり、それにイメージが伴うようになるのは、もっと後になってからです。言葉についてはたいへん重要ですので、第六章や第七章で説明いたします。

以上、三つの発達課題について、どうすればスムーズに獲得できるかについて述べました。しかし、常にスムーズにできるようになるとは限りません。できなかった場合にどのような子どもが育つかについて述べましょう。

近年、多くの家庭は、核家族化が進み、兄弟が少なくなり、祖父母が同居していない状況になりました。兄弟がいますと、お互いに喧嘩したり、教え合ったり、モデルとなる動作が模倣できたりして、獲得できる機会が多くあり、相互に切磋琢磨されていく内に自然に体得されていきました。

また、経験豊富な祖父母の存在は、両親がどのように接したらよいか迷って困っているとき、効果的な解決の仕方を直接、実地に示してくれました。加えて、隣近所に同年齢に近い子ども仲間が少なくなり、その上、戸外で一緒に遊べる機会が少なくなりました。昔は、放っていても、自然に社会性は育っていました。しかし、近年はこれらの問題を補うため、幼稚園や保育園、公民館などで子ども同士が遊べる機会をたくさん用意したり、両親が子育ての仕方に困ったとき、相談できる専門機関が各所に設置され、便利になりました。

間違った子育てをしますと、どのような困った行動を持つ子になるでしょうか。

保育園や幼稚園の先生方が頭を痛める子どもについて紹介します。

先ず、「**キレル子**」が挙げられるでしょう。興奮傾向が強い子で、思うように行かないと、些細な事柄であっても、激情してしまい、泣き叫ぶ、ののしる、暴力を振るうなどの行動に訴えて、わがままを無理矢理通そうとする傾向があります。その行動は「**カンシャ**

ク」と呼ばれます。原因は、一つは、子どもの興奮が激しくなるにつれて、親が根負けしてしまうことです。繰り返される内に、ますます激しくなって行きます。他の原因として、**父親の家族に対する暴力**です。繰り返される内、子どもが模倣して同様の行動に訴えるようになっていきます。

次に、**登園するのを嫌がる子**です。これまで、母親の愛情をほしいままに独り占めし、何でも思うようになっていたため、母親と一緒の生活ができなくなってしまったとか、弟や妹が生まれ、途中から十分な愛情が受けられなくなってしまったなどによるものです。つまり、独り立ちできるような仕方で育てられなかったことが原因です。このような場合は、もう一度、母と子との信頼関係から、作り直すことが求められます。

2、小学校時代の接し方

先ず、一つ目の発達課題は進んで興味のある問題に挑戦し、解決していく力を獲得することです。つまり、「**生きる力**」の獲得です。昔は、「スポンジ・ヘッド」的頭脳の持ち主が大切にされました。台所で使うスポンジのタワシが多量の水を吸い込むように、先生から教えられた学習内容が、スルスルと頭の中に吸い込まれていき、試験のときには、すべてを思い出して、満点が獲れる知識です。けれども、終わるとスッカリ忘れてしまうような定着しない薄弱な知識のことです。つまり、**実生活では役に立たない生きる力**に結びつかない記憶中心の学力です。昔は、先生が一方的に教えて憶えこませる授業の仕方が主流でしたので、体験の伴わない暗記中心の能力が大切にされました。これでは生きる力になりません。

二つ目の発達課題は、国語や算数などの教科の内容をしっかり憶え、しかも**生活に活かせる実践力**を身につけることです。勉強を怠って、不十分な憶え方をしておりますと、中学校に進学してから、学習に付いていけず困ることになります。小学校で学ぶ内容は将来、中学校や高校で学んでいくためにどうしても身につけておかなければならない基礎となる内容です。更に、日常生活する上で困らない必要不可欠な知識や能力でもあります。

三つ目は、友だちと楽しく遊ぶことが出来る**集団力を体得する**ことです。「よく学び、よく遊べ」と言う諺がありますが、遊ぶことは決して時間の浪費ではありません。思いやりや我慢強さ、友だちと遊ぶ仕方が学べる絶好の機会です。近年、学習塾に行ったりして、友だちと遊んだりする時間的余裕がなくなり、友だちと戸外で遊べない子どもが増えています。しっかり、遊ぶ子どもは、勉強のときも集中できるようになるものです。遊んでいるのか、勉強しているのか分からない、どっちつかずの子どもが見受けられますが、そのような曖昧な過ごし方は、時間の浪費だと思います。

発達課題の獲得が難しい子

① 進んで勉強する気になれない、勉強が嫌いな子どもたちをどのように導いていくかは重要です。いくら「勉強しなさい」と注意しても言うことを聞いてくれません。勉強が付いていけなくなることを心配して、故意に無理強いすると、本人は、それなりに机の前に付いてはいるのですが、思うように成績が上がらないこともあって、ますます、やる気

を失ってしまいます。このような子どもは、過度に注意し過ぎると身体の不調を訴えるようになり、**不登校**の原因になることさえあります。

②　近年、通常学級の学習活動に参加することが難しい生れつき脳の働きに問題がある「**発達障害児**」が教育機関で取り上げられるようになりました。このような子どもに付いては色々な仕方で対応してもらえますので、担任の先生に相談されて利用されることをお勧めいたします。例えば、特別な教科だけ難しい子どもは、補助の先生が隣席にいて個別指導してもらえるとか、いくつかの教科に渡って学習内容が難しすぎる場合は、同じような子どもだけで編制される通級学級を設けて少人数で指導してもらえる等です。

③　もう一つ、近年、電子機器が著しく開発されてきたため、**携帯電話やファミコン**が自由に使えるようになったことです。友だちと交信でき、興味のある情報が得られる長所はありますが、ゲームに熱中し過ぎたりして、勉強をする時間が少なくなりました。また、友だちと直接触れ合う機会がなくなり、社会性が育ち難くなりました。接すること自体が悪いことではありませんので、時間を決めて、振り回されないようにして使用することが

大切です。

3、中・高校時代の接し方

第一に、心身ともに大人に移行する難しい過渡的段階であり、家族から離れて、独り立ちする力を獲得するときでもあります。そのために、自己主張が強くなり、親の意見に反発することが多くなります。いわゆる「**第二反抗期**」です。本人よりも親の方が子離れが難しく、子どもの行動の一つ一つが心配になります。子どもは反撥して、親の考えを受け入れようとはしません。親の権威が通用しなくなります。親自身が子どもとの接し方や考え方を変えなければなりませんが、小さい頃からの子育て方が気持ちの中に頑なに残っているために悩むときで、子育ての長い過程の中で、一番、悩み、骨が折れる時代でもあります。

第二に、親から離れて進学した大学や、就職した会社、また異性関係など、**新しい集団**

との一体感が形成される時代です。進学先や就職先などの決定は、子どもの決断を尊重しましょう。承服しかねるときは、押し付けるのではなく、徹底的に納得が行くまで、話し合いましょう。両親の思うようにいかないときもありますが、子ども主体で決めさせた方が本気で努力するようになるものです。進学した大学や就職先について、「つまらない」と両親が否定しますと、本人は魅力をなくし、やる気を失うことになってしまいます。

電子機器に振り回される日常生活

①　電子機器、特にスマートフォンが普及し、日常生活のスタイルが一辺倒したことによる弊害は大きいと思います。日常、他人と接する機会は、高校生では中学生と比べて、一段と減少し、友だちが出来にくくなります。どのように付き合えば良いか分からなくなり、それでも、日常はどうにか、気持ちが合う友だちと一緒になって時間を過ごしていますが、一寸したボタンの掛け違いで仲たがいしてしまいますと、お互いに気分を害するので、意識して努めていなければなりません。

② 「**友だちらしき関係**」を作るのは、インターネットを使うと作りやすいようです。スマートフォンの電源を「オン」にしておきますと、いわゆる、「**オンの世界**」と言いますが、特定の友だちと、いつでもメールして話ができて、お互いに友だちらしき関係が確認でき、気持の上で安心しておれます。

それに対して、「**オフ世界**」の接し方というのは、直接、対面して話し合う仕方です。「オンによる接し方」は、視覚や聴覚などの五感を介さないで気持が交換できるため、気楽であり、特に初対面の人に対してであれば、メール中心になり易く、「**メル友**」と言われますが、気兼ねする必要がなく、簡単に友だちになれる便利さがあります。特に直接会って話をする訳ではないので、相手の受け応え方次第では、つい、本音が言え、平気で嘘もつけ、気兼ねなく、話が出来ることになります。

欠点は、相手がどんな人か本当のことが全然、分からないまま、想像している人を、素晴らしい立派な人間だと信じ込んでしまうことです。

③ 「**オンの世界**」だけで交際を始めた「メル友」と、初対面の機会を作りますと、いつ

かは現実に会うことになる訳ですが、想像していた彼と眼前にいる彼とのギャップに困惑し、どのように対処していけばよいか、冷静に考えることが難しくなってしまいます。その後の成り行き次第では、凶悪犯罪に発展することさえあります。このようにして生起した「**出会い系サイト**」による犯罪は、近年、新聞紙上で大きな見出しで報道されておりますが、特に中・高校生の女子が、中年の男性に騙されて被害に合う事件が多発しています。注意すべきです。くわしくは第九章で取り扱います。

4、子どもに信頼される親であれ

発達段階別に説明した要点を概観しますとき、どのような親が子どもから信頼されるでしょうか。

先ず、子どもは親との相互関係の関わり合いの過程で、次第に育っていきます。従って、子どもだけに望ましい姿を求めるのではなく、親自身が子どもの見方を変えていく努力をしていくことが大切です。そのためには、子どもの立場になって、気持ちを理解してやる**「共感的理解」**が大切でしょう。

次に、子ども自身の考え方と親の考え方との隔たりが、越えられないほど大きい場合は、無理をしてでも、先ず、子どもの身になって考えてみましょう。しっかり、話を聞いてやりどういう解決法があるか一緒に探すようにしましょう。一方的に押し付けたり、強制したりするのは反感をかうだけであり、返ってやる気をなくしてしまいます。例えば、大学を受験する場合、親と子の間に希望する大学の隔たりが大きすぎるときは、歩み寄ることが必要です。そうしていったん決まったら、いつまでもグズグズ言わないでさっぱりと割り切ることが涵養です。

最後に、場当たり的な接し方はしてはなりません。現在は苦しくても、将来を見据えた役立つ解決になるような打開策を一緒に見付けましょう。何でも言いなりになる溺愛は真の愛情とは違います。親自身が「我慢しなければならないこと」「頑張らなければならないこと」等、厳しい対応が求められる場合があることを頭に入れておきましょう。

第三章　豊かな感性があふれる子を育てよう

1、「感性」とはどのような心の働きを言うのだろうか

桜便りが待たれる頃近くの公園に一輪、開花間近い蕾を見つけて感動したことがあります。しかし、一緒に歩いていた友に注視するよう指差して促しましても、大して驚くでもなく「そうですか」程度の返事であり、私自身、調子抜けがしてしまいました。ところが別の友に話しますと、たいへん興味があるらしく、「どこですか」と探して見付かると興奮して見入っています。私は、その友に対しては初めて気付いた心情を自慢したくなる気分になりました。

「**感性**」とは周囲で起こる出来事に目ざとく気付き、心が高まり反応しようとする心の働きを言います。「**豊かな感性**」とは些細な出来事でも敏感に気付き、大きく反応したくなる心の働きを言います。蕾一つにしても、人により心の動かされようは違います。また、蕾で感動した人が他の出来事でも常に同様であるという保証はありません。たまたま、私の

場合は桜への関心があり桜便りを新聞で知り春が待たれる気分になっていたので、「どこか咲いていないかな」と探す気分になっていたのです。

「気付く」の意味

気付く心の高まりが強ければ強いほど対応する反応も大きくなり、問題意識にまで発展する場合さえあります。たかだか蕾が膨らんでいるのに気付いたという些細な反応であっても、人によっては大きな発見であり、問題意識と膨らみ、「地域によって開花はどのように移り変わっていくか」、「どのような条件が揃うと開花し始めるのか」など、「なぜ?」と疑問がわき生涯にわたる研究のテーマに発展していきます。

もう一つは、花芽が膨らんで咲こうとしている寸前の蕾が視覚を介して分かったということには違いありませんが、本章で意味する「気付く」はそのような狭い意味で使用しているのではありません。感覚器官だけでも、視覚、聴覚、触覚、味覚、臭覚の五つの器官があります。金木犀の花でしたら香りと花、即ち、臭覚と視覚を合わせて気付く場合もあります。

更に、筆者が意識して探す気になった原因は新聞で「桜の開花だより」の記事を読んだこと、その上、私自身が梅の花、桃の花そして桜の花と一連の自然界の変化に強く関心を持っていたことなども蕾を探す要因になったのです。

このような個人的要因は経験を多くしたり勉強や研究したりすることにより、強い関心へと変化していきます。また、家庭環境も多いに影響すると思います。私の経験のレベルでしたら、明らかに誰でもその気になったら明らかに桃色に変化して、目立つようになれば、気付くでしょう。しかし、桜の開花について研究している学者でしたら、微細な萌芽の色合いの変化でも察知できるのではないでしょうか。

2、生活環境が感性を育てる

現代の生活環境

昨今の子どもの多くは周囲は家また家、その間に道路更に自家用車がひっきりなしに行き来している社会環境の中で生活しております。自然との接点はほとんどありません。しかし、一度、郊外に出ますと畑や田んぼがあり、小川が流れており、鬱蒼とした森林があります。また、小鳥の囀る声、昆虫が飛び跳ね、小川を覗くと魚が泳いでいる自然環境に出会うことができます。

感性は周囲で起こる出来事や変化に気付き、感動する実体験を通して身体に沁み込んでいきますから、日々、繰り返される何ら変哲もない生活の過ごし方だけでは育ちません。その欠点を補う教育施設として、動物園や植物園、水族館、昆虫館などの文化施設が用意されております。出来るだけ、見学に行く機会を多く作って活用するよう努力したら如何でしょうか。その際、唯、遠くから眺めているだけでなく、すべての感覚器官を総動員して、積極的に働きかけ、関わり合いを作り、「行った甲斐があった」と満足でるような意味のある時間になるよう心掛けましょう。そのためには事前に案内書や動物・植物図鑑等でしっかり調べておくことが必要ですね。

私が育った時代の私周囲の生活環境

小学生時代八十年前、大昔になりますが、霧島連山の麓にある農村に住んでおりました。周囲は田んぼ、樹木が鬱蒼と茂る山また山でした。まだ、自家用車は走っていない時代でバスの便はなく、ラジオも私の家にはありませんでした。

春になれば一斉に山桜が咲き、続いて田んぼにはレンゲ草の花が一面に咲きました。五月ともなれば蛙が鳴き、ホタルが飛び交い田植えが始まると言うような自然環境でした。そのような環境の中で私の感性は育ちました。

一輪のタンポポの花

今年の四月の終わり頃、我が家の前の舗装道路とレンガ塀とのひび割れたすき間に一輪のタンポポの花が咲いているのに気付きました。雑草でさえ、生えそうにないすき間です。しばらく、立ち止まって見つめていました。よく生えたものと驚きました。小学校の頃、理科の学習で、タンポポは根っこが大根のように地中深く伸びること、花は沢山の花が集まったものであり、落下傘みたいな羽根を付けた種子は風が吹くと遠くまで飛んでいくことを習いました、学校帰りに見つけては、「フーっ」と吹いて飛ばした時代を想い出しました。この一輪の花もきっと、そうして飛んできたのだろうと想像しておりました。

今日の子どもであれば、道端のタンポポを見てどんな感性を持つでしょうか。ほとんどの子どもは咲いていることに気付かないでしょうね。気付いても無視でしょうか。タンポポの花への気付き、ひいては自然界の出来事への敏感さはどのようにして獲得されていくのでしょうか。

3、豊かな感性を育む手だて

①　子どもが身近な生きものや些細な出来事に気付き、興味を抱いて、進んで知ろうとする気持ちが育つよう援助しましょう。**幼児期から小学校低学年**までは、積極的に時間を

割いて、一緒に郊外の自然環境の豊富な里山に出かける機会を作りましょう。その際は捕虫網、虫かご、メダカなどを入れるバケツ、虫眼鏡など一式を持参しましょう。

また、動物園や植物園などに出かけたときは、ただ、遠くから眺めているのではなく、触れたり、臭いを嗅いたり、質問したりして積極的に参加するように促しましょう。このような雰囲気の中での感動や驚きは脳裏に焼き付き、感性として育っていきます。

注意したいのは、「生きもの」はすべて私たちと同様に「命」をもっているのであり必要もないのにたくさん捕獲したり、殺したりするのは避けたいものです。

② **中・高学年**にもなると、何を見たり触れたりしたいか（目的）、その施設はどこにあり、そこにはどのような交通手段で行けるのか、所要経費は大体いくら必要か（計画）など、目的や計画を自分で立案するようにさせます。できましたら、キップなども親が付いて行くにしても、子ども自身に購入させます。大切なことは子ども自身ですべてを進めるという**主体的な取り組み**です。両親は助言者です。尋ねられ質問されたり困っていたら、どのようにしたら出来るかを教えてやりましょう。

取り組んだ活動は出来るだけ記録し録画したりして、残すようにさせます。それを帰宅してから簡単で良いですから纏めるようにさせましょう。目当て→計画→活動→まとめ　というように、分かりやすく整理させます。両親が期待を大きく持ちすぎますと子どもは嫌がりますので、形が整っているようでしたら、「良くできたね」と誉めてやりましょう。このような過程で習得された感性は、将来、きっと、役に立つことになるでしょう。

③　最高級の芸術作品、絵画・彫刻・音楽等に触れ感動する体験は、更に豊かな感性を高めるために、たいへん役に立つと言われます。例えば、著名な画家の**棟方志功**は**ゴッホの「ひまわり」の絵**を見て感動し、自分の木版画の技術を磨いたといわれます。

④　近年、ニュース等の情報を伝える通信技術が著しく発達してきました。地球上のいたるところで発生した出来事をリアルタイムで入力し送信された情報を、私たちは茶の間で受信して視聴することができます。しかも、映像や音声が現実場面と寸分違わないほど精密に、正確に、立体的に表現されますので、実体験している人と真に迫った同じ感動を味わうことが出来ます。

このような恵まれた時代に住んでいますと、自分に必要な情報を選択し、どのような態度で視聴することが豊かな感性を育てるために役立つかを考える必要があるのではないでしょうか。

先ず、テレビなどの場合、週間番組表により、希望の番組を選択し、録画しておきましょう。そうして、決めた日課の時間帯に視聴するようにします。出来るだけ、憶えておきたい内容や感想などはノートに纏めておくようにしましょう。感性は主体的活動を通してもっとも身に付く傾向がありますので、唯、眺めているだけという受動的程度で視聴するのは、時間の浪費に過ぎません。

4、故郷への感性

自然への感性

拙宅の庭に樹高三メートルを超す金木犀が三本あります。秋も九月後半になりますと、黄金色の小さな花が一斉に咲き、心に沁みるような香りが周囲に漂います。私は花に顔をくっつけて臭いを嗅ぐのが習慣になっております。秋雨の降る季節でもあり、夜、雨でも降るものなら次の朝は足の踏み場がない位、地面一杯に花が落ち、がっかりさせられます。金木犀には私の感性を呼び覚ます思い出があります。

小林市立小林尋常小学校!!　私が卒業した小学校です。眼前に一五七四メートルの霧島山がそびえ、とても景色のよいところです。校門の右側に身長の三倍位の**金木犀**（きんもくせい）の木がありました。秋になると、黄金色の花をいっぱいつけ、その木が見えない歩道のずっと遠く離れたところまで、シュークリームのような甘いかおりをただよわせていました。私はいつも、登校途中、ちっぽけな花に鼻をくっつけて、クンクンと香りをかいだものです。ときどき、花が鼻にくっついたままで教室へ入っていって友だちから笑われたものです。その香りが今でも鼻にくっついて離れず、いつでも思い浮かべることができます。

校門の片隅には周囲が一五〇メートル位の池がありました。そこにはトンボの「おにやんま」がゆうゆうと飛んでおり、近寄ってくると胸がドキドキしました。その池のほとりに背丈位の数本のカラタチの木がありました。春になると、トゲがいっぱいついた枝にミカンの花のような白いかれんな花がうずもれて咲いていました。そのトゲが針みたいにとがっていて花に近づけないのです。恐らく、「ねむり姫」がとじこめられた城の周りの垣根は、こんな木がびっしりつまっていたのだろうなといつも想像していました。

十数年前の夏、たまたま同じ小学校を卒業した友人に会いました。「今も金木犀の木はあり、こぼれるように花がさきますよ。しかし、池は埋め立てられて、カラタチの木はなくなりました」と話してくれました。私はなつかしくなって、すぐにでも小学校へ飛んでいってみたくなりました。三年前、帰郷する機会がありましたので、金木犀はあるかなと期待しながら行ってみました。校舎そのものが木造から鉄筋に変わり堂々とした風情になりましたが、金木犀はどこに在ったかさえ分からないほど様変わりしており、ガッカリしました。

故郷への感性

「あなたの出身地は」「**宮崎県**です」。**ふるさと**と言えば、子どもの頃牛の飼料にするためレンゲ草を一キロ離れた田んぼまで出掛けて背負い子いっぱい採って帰ったときの肩に食い込む重量感であり、小学校の玄関先の金木犀の黄金色の花に鼻をすりつけて嗅いだときの快い香りでもあり、また、放課後に友だちと一緒に校庭で自転車を乗り回し、真っ赤な夕日が沈む頃急いで家路についた情景でもあります。私のふるさとはこのような**実体験の感性**そのもので、今もなお思い出してはたまらなく、郷愁を誘われます。

二十歳にして郷里を離れ、既に六十数年が経過しました。住んでいた家はなく、レンゲ草のあった田んぼは荒れ地と化しています。小学校は木造から鉄筋に建て変り、金木犀はどこにも見当らなくなりました。確かに私のふるさとは現在、実在していませんが、こころの中には感性として鮮明に生き続けております。

昨今の子どもたちにとって、**こころのふるさと**とはどのような姿でしょうか。私の子ども時代と比べると、生活スタイルが全く違います。放課後、塾に通うとか、ファミコンに熱中して時間を過ごすのが日常生活です。郊外で友だちと遊んだり、昆虫を採りに行ったりする実体験は機会が少なくなり、このような中で育つ感性はめったになくなりました。

私が期待したいのは、**こころのふるさと**は、**実体験して**形成される感性ですから、少なくとも広島で育つ子どもであれば、**平和記念資料館**を何回も繰り返し見学したり、**語り部**のお話を聞いたり、行事に参加したりして、**原子爆弾**がどんなに人間を不幸にするものか、平和がどんなに大切かを身体に沁み込ませて敏感な感性を育てて欲しいです。広島の子どものふるさとには、**「平和への願い」**が根底にある感性を持つことが必要であると思います。できましたら**地域のお祭り**にも積極的に参加して欲しいですね。

第四章　思いやりのある子を育てよう

1、「思いやり」とはどんな心情だろう

思いやりの意味

「思いやり」とは、友だちが仲間から被っている中傷やいじめなどによる苦しみを、友だちの立場になり代わって自分が被っているかのように捉え、更に加害者に対して改善や反省を求める積極的な行動をいいます。例えば、障害のある子どもが周囲から差別的なことばを言われ泣いているとしましょう。思いやりというのは、自分がその障害の子どもの立場になって自分が差別的なことばを言われたらどんな気持だろうかと考えて、勇気を出してそれを解決する行動に移すことです。単に悩み悲しむ段階までは誰でもできると思いますが、行動に移すとなると並大抵でできるものではありません。

ある小学校の一年生のクラスで席替えをしました。デキモノができていて臭い女の子がいました。大勢の子どもは、「〇〇ちゃんの隣りになるのはいやだ」と言っていました。そ

のとき、一人の男の子が「そんなことを言うものじゃない」と大きな声で怒鳴りました。おそらく、この子は、〇〇ちゃんの立場に立って考えられる「思いやり」を持つ優しい子だったのでしょう。

先ず、お母さんが思いやりの心情で接する

わが子に思いやりの心をもって欲しいのは親の切実な願いでしょう。それが育てられるかどうかの大切な条件は、**子ども自身が周囲から思いやりをもたれていると実感**しているることです。自分は誰からも無視されておりいない方が良いとさえ思われていると感じているのであれば、思いやりを持って欲しいというのは土台無理な話でしょう。親は言うことを聞かないわがままな子であっても、当然、自分の子どもですから、たくさん、愛情を降り注いでいると思います。しかし、その子どもが母親から思いやりをもたれていると感じているかは別の問題です。案外、子どもは、「うるさい」と思っているかもしれません。

親の愛情には、純粋に子どもを思いやる心の外に、親自身の虚栄心やひとりよがりの押し売りなど雑多な思いが含まれております。そのために、子どもへの接し方も多様であり、その表わし方次第では誤解して捉えられてしまうことにもなりかねません。とにかく、子ども自身が「**私は思いやりを持たれている**」と実感していることが先決です。そうすると、少なくとも親との関係では情緒が安定し、信頼関係ができ思いやりが育つでしょう。

祖父母に思いやりをもって欲しいのであれば、親自身が祖父母に対して常に世話を厭わず、こまめに気配りして積極的に努めることが大切です。親が祖父母の面倒を心からお世話している姿を見て、見様見真似で親と同じようにすると思います。ことばで注意するより、親自身が一生懸命尽くすことです。そうしますと、子どもは親を尊敬するようになり、親への思いやりも更に深いものになるでしょう。

2、支え合って一緒に伸びる喜び

「ダメ、Sちゃん、自分で持てる!!」

　Sちゃんは、下半身マヒであり、補装具を付けて両杖をついて移動している男の子です。お母さんは勤めており、祖母が不憫に思って溺愛して育てております。四歳のとき、保育園に入りましたが、子どもたちの第一声は「かわいそう」でした。

　三か月ばかり過ぎたある日、子どもたちみんなが円形になって話を聞いた後、椅子を片付けるとき、Sちゃんの顔色がさっと変わりました。椅子を戻す場所が遠かったからです。隣に腰かけていたKちゃんが、「Sちゃん、持ってあげる」と言いました。Mちゃんが「**ダメ!!　Sちゃん、自分で持てる**」とストップをかけました。Sちゃんは悲しそうな顔をして杖をつきながら運んでおります。その後から、Kちゃん、Mちゃんが心配そうについていっています。

四歳の子どもたちは、Sちゃんにとって何が大切なのか分かっているのでしょう。運んであげる**特別扱いが良くないこと**を日頃の先生の接し方を見て、しっかり、理解しているのです。

先生が熱心になればなるほど、お母さんはSちゃんを可哀そうに思い、かばうようになりました。不憫さからか思わず手を出される行為を見た先生は、「**Nちゃんはお母さんが帰ってしまったら、独りでしなければならないのですよ。**」

その内、お母さんはSちゃんが排便をするとき力ませると痛がり、拭いてやるとき雑菌が入るかもしれないのが怖いと迷っておられましたが、排泄トレーニングをして欲しいとお願いされるようになりました。また、移動するのに時間がかかり過ぎるので、しっかり、歩けるようにして欲しいと願いでられました。先生がお母さんのつらい気持をしっかり受け止めてやり、それを踏まえて努力しておられる姿を見て、お母さんも少しずつ、わが子をどうすれば独り立ちできるようになるのか、積極的に考えるようになられました。

3、「Nちゃんは人のものを食べてもいいの」

ある小学校での一年生のクラスでの**給食のとき**の話です。重い知的障害の子は配膳に要する時間を待つことが出来ず、一人、先にパンを食べ始めました。そしてNちゃんが何かの拍子にお膳ごと、机から落としてしまいました。それを隣席の子が一生懸命拾ってやっていました。ふと見ると、その隣席の子のパンをNちゃんが食べていました。それに気づいた隣席の子が**「どうして、ひとのパンを食べるの」**と厳しく注意しました。それを聞いた別の子が、「Nちゃんは分からないだから、許してあげてもいいんじゃないの」と言いました。注意した子が、「それなら、Nちゃんはいつもひとのものを食べてもいいの。Nちゃんもやっぱり、**自分のものとひとのもの**が分かるようにならないといけないんでしょ」と言い返しました。

この返事には素晴らしい教訓が含まれていると思います。別の子も障害の子のことを考えて言っているのですが、隣席の子もやはり、その子のことを思んばかって一緒に伸びて欲しいという気持から厳しく注意しました。「思いやり」の表し方には、「許す」という意見と「許さない」という意見の相反する二通りがあり、後者の方が、一**歩、高いレベルの「許さない」ことば**ではないかと思います。どうすれば最高に良い仕方かを慎重に判断する必要がありますね。

4、思いやりを育てる条件

お母さんが嫌いになるとき

小学校三年生、三十七名在籍するクラスに聞き取り調査をしました。「**お母さんが嫌いになるのはどんなときですか**」と質問したところ、二十五名が「叱ってばかりいるとき」と答えました、「では、どんなことをしたときに叱られますか」と再質問したら、十二名が「勉強しなかったり、テストで悪い点を取ったとき」を挙げ、八名が「兄弟喧嘩をしたとき」と応えました。

続いて、「どんなとき誉められますか」と尋ねると、「テストや通知簿の点数が良かったり、勉強を良くしたとき」が二十名、「お使いやお手伝いをしたとき」が十一名、答えました・それ以外の答えもあるので、どれも一〇〇パーセントにはなっていません。

以上から、家庭での「しつけ」は、**勉強中心**になっていることが分かります。結果からいえることは、生活環境が学歴重視であり、有名な学校を出なければ満足できる仕事に就けない、生存競争に負けないことが立派なことだと考えて、とにかく「**勉強、勉強**」と一途に子どもたちを追い込んでいる家庭が多いということではないでしょうか。

母親の接し方如何で思いやりが育つ

思いやりを育てる原因には、親の子育ての仕方が大いに関係があります。対照的な二通りの子育てがどのような子どもになったかについて、調べた研究を紹介しましょう。

障害児のAとBは、共通して、両親、三人兄弟の家族構成です。また、対象児は小学校低学年で長男です。**Aの母親**には、Aを受け止め切った、あるいは受け止め切ろうとする結果の安らぎが認められます。いわゆる「**受容型の養育態度**」です。そのため、幼い弟、妹も同じように、兄をいたわり面倒をみてくれますので、母親は安心して喜んだり、誉めたりしてくれます。

それに対して、**Bの母親**は、Bを叱ったり、不満をこぼしたり、無視したりする言動が多くあります。「**拒否型の養育態度**」と言えるでしょう。弟、妹も母親の仕方を真似て、兄を非難したり、ないがしろにしたりします。母親はその接し方を良くない、反省するように忠告し、嘆き悲しみますが、自分の仕方に対しては悔い改めることはなく、自己矛盾に気づいていないようです。このような悪循環が繰り返されますので、弟、妹には、兄の立場に立って考えない自分勝手な仕方がますます強くなっていきます。

わが子に優しい心を育てるためには、先ず、母親自身がしっかり、受け止めてやり、信頼される受容的態度で接することが何よりの涵養だと言えるでしょう。

5、思いやりを育てる上手な叱り方

子どもに気になる言動があれば、はっきり注意しましょう。いつまでもグズグズ言ったり、不機嫌になったりして、こだわるのではなく、その場限りで余韻を残さないさっぱりした叱り方が良いです。**体罰**は、絶対にしないようにしましょう。そのような衝動に駆られたら、深呼吸したりして気持ちが落ち着く時間を設けると効果があります。それとは反対に望ましい言動は、些細なことでも探し出して大げさに褒めてやるようにします。「手伝ってくれて助かるよ」とか、「有難う」などの感謝の言葉掛けはできるだけ、多く機会を探して言うようにしましょう。

他方、**叱り方**について、思いやりの心を育てる方法は、**感情を認めて、行為を認めない**というのが良いです。例えば、兄弟喧嘩をしたとします。それぞれの言い分があるでしょう。その理由をしっかり、聞いてやり、「あなたの気持はよく分かるよ。でも、殴ったのはどういうことなの?」というように、ただ叱るだけでなく気持ちは受け止めてやり、行為は認めない叱り方が良いです。兄弟二人とも両親に自分たちの気持をしっかり、分かってもらっているという**信頼関係**を抱かせることが心が育つためには大切です。

6、校長先生がプールに跳び込んだ‼

ある高校での出来事です。**小児マヒのA子さん**は手足を思うように動かすことが出来ないアテトーゼ型のマヒがあり、補助具を付けて移動します。恒例のクラス対抗の水泳競技大会がありました。クラス会で最後の第四泳者にA子さんが推薦されていました。A子さんは、「全く泳げないことはないけど、選手としては難しい」と思いましたが、みんなの面前ではっきりと断ることが出来ませんでした。帰宅して母親にそのことを相談しますと、母親は、「どんな経過をたどって決まったのか分からないけど、クラスの代表に選ばれたのでしょう。どうして、**選ばれたからには選手としてがんばりますと、**言えなかったの」とたしなめました。素晴らしい母親ですね。普通だったら、「あなたが言えなかったのなら、私が明日、先生にお断りしてくるよ」と言うのではないでしょうか。

このような厳しい母親ですが、しばらくすると、仏壇の父親の遺影の前に座って、手を合わせて拝んでいるようでした。母子家庭でしょうか。A子さんはその姿を見て、「最後まで泳いで見せる!!」と決心しました。

当日、各クラスの第三泳者が、追いつ、抜かれつして同じような速さで、第四泳者にバトンタッチしました。A子さんは焦れば焦るほど、思うようなスピードが出ません。だんだん、差が付いていきます。「何でまた、A子さんが出たんや」と他のクラスの子から、非難の声が聴かれます。

その時でした!!　**突然、洋服を着たまま、ドボンと跳び込んだ人**がいます。そして、「A子さんガンバレ、A子さんガンバレ」と水の中で夢中に応援しています。「**アレ、校長先生や**」スーと水を打ったように、しばらく静かになりました。続いて、「A子さんガンバレ

‼A子さんガンバレ‼」の声援の大合唱が起こりました。

親の背を見て子は育つ、校長先生の背を見て生徒は育つ。校長先生の行動は、子ども達の感動を呼び子どもたちには強い、美しい思いやりの気持が育つことになったのではないでしょうか。

※本章の多くの事例は、筆者が小学校にでかけた時、使用された教材からの引用です。

第五章　勉強が好きになる子育てのコツ

1、勉強が好きになる切掛けを探そう

学校から持って帰るテストは点数が悪くても正答があれば誉めてやります。間違っている答えは正解を教えてやることも必要でしょうが、嫌がるようでしたら無視しましょう。少なくともガッカリした表情は表わしません。学期ごとに持って帰る連絡簿は評定段階が総体的に低くても、高い教科や活動があれば認めてやります。低くても不機嫌な気持を表しません。

私自身のことで恐縮ですが、小学校の教員を七年間、経験しました。一般的に成績の良い子はすべての教科が共通して高いし、低い子は低いものです。そこで高い子には更に勉強して頂きたい教科を一ランク故意に下げ、反対に低い子は一ランク高い段階に挙げて、**教育的な評価**をしておりました。恐らく、多くの先生方がいろいろな工夫をされて全員がもっと勉強をしてくれるように苦心しておられるのではないでしょうか。

勉強だけでなく、**運動、クラブ活動、校外学習**など学校で行われるすべての行事、活動を含めてできるだけ、努力した事柄を誉めてやりましょう。誉められると更に努力していく気力が生まれるものです。

クラブ活動を熱心にしているのであれば、疲れをねぎらい認めてやることにより、やる気が更に高まります。努力した結果、グループの中にしっかり位置づいていきますと、所属意識が高まって優越感に結びつくことになります。その心情は次第に勉強へと連動していき、自発学習にも努力するようになっていきます。

小学校段階であれば、家庭学習は自発的な復習・予習程度に留めたらどうでしょうか。出来ましたら習慣化すると良いですね。勿論、宿題があるかも知れません。特別に本人が興味を持ってしたがる場合があれば素晴らしいですね。余り、無理強いをすると長続きはしません。もっと勉強がしたい程度で余韻を残して止めるのが適切でしょう。

2、効果のある受け止め方

〈記号の説明〉㋙…子ども　親…両親

勉強が好きになる図式

㋙切掛けとなる行動↓親誉める↓㋙嬉しい、更に褒めてもらえるよう努力する↓親再度誉める。

例えば、㋙復習をする↓親大げさに認めてやる↓㋙予習までしたくなり勉強を粘る↓親再度、励ます。勿論、このような仕方が効果を発揮するためには子どもとの間に**信頼関係**があることが前提です。不信感を持たれている親が作為的に褒める対応の仕方をしても子どもは親の気持を見抜いて無視するでしょう。

勉強が嫌いになる図式

㋙勉強をしない→㊊「勉強をしなさい」と指示する→㋙「しない!!」と反発したり、無視する→㊊大きな声で「勉強をしなさい」と強制する→㋙感情的に無視する→㊊更に大声で「勉強をしなさい」と叱責する→㋙しぶしぶ従い、机につく。

親も子も興奮状態が最高に高まっていきます。このような言い合いが数回、繰り返されますと、子どもは「勉強」と聞いただけでイライラした拒否感が走るようになってしまいます。

3、自信を持つと「やる気」が起こる

トップレベルの子が入学試験などで実力を十分に発揮できず、失敗することがあります。反対に、それほど成績が良くなく恐らく試験に落ちていたであろうと思われる子が、予想以上に実力が発揮できて、めでたく合格する場合があります。一体、どのような原因で逆転するような結果が生じるのでしょうか。必要な場面で能力以上の力が出せたり、出せな

かったりする心の働きを一般に、「**自己効力感**」と呼びますが、自信の持ち方に深く関わっております。以下、どうすれば発揮できるような力が体得できるかについて述べましょう。

「自己効力感」を高める勉強のさせ方

先ず、「**自己効力感**」とは入試など実力を発揮することが求められる事態に直面したとき、十二分に力を出し切って問題解決に当たる集中力のことをいいます。

自己効力感が低い子どもの勉強の仕方について述べましょう。例えば、苦手な教科の勉強を我慢して独りで行なっている場合、なるべく、考えないでも解けるような易しい問題を選んで取り組む傾向があります。結果は、１００点ということになり、何となく満足することになります。

反対に、到底独りでは解けない難しい問題を選んで取り組む場合があります。解けないことが分かりながら気分だけ優越感を抱いて取り組みます。勿論、０点ということになりますが、「自分は能力以上の難しい問題にも取り組んだ」という満足感だけが得られます。

以上のような勉強の仕方はいつまで経っても実力は向上しませんし、自己効力感も形成されません。

それに対して**高得点が取れることに自信があり自己効力感の高い子**は、自分の能力を多少、越える程度の難しい問題を選んで取り組む傾向があります。努力して解ければ嬉しいし、解けなくてももう少し努力すれば大丈夫だと前向きに考えて粘ります。常に多少とも難しい課題に挑戦していくので実力が段々と向上していくことに繋がります。

自己効力感を向上させるためにはどのような勉強の取り組み方が望ましいでしょうか。易しい課題だけをいつまでも与えて、常時、１００点を与えて、成功体験を持たせている取り組み方は、初めの内はやる気が起こり進んで取り組む気持ちになるとと考えられますが、このような取り組み方は一度、難しい課題が与えられて失敗しますと、また、再三、繰り返し**失敗体験**を経験しますと、一挙に自信を無くしてしまい、やる気を失うことになりかねません。

やはり、多少とも能力を超えるような努力すれば出来る程度の問題を与えて、努力してそれを乗り越え、賞賛される経験を繰り返えさせることが必要でしょう。努力した結果成功した体験や喜びを味あわせる経験をさせることが**自己効力感の獲得**につながると思われます。子どもに自己効力感を形成させるためには、**実力を努力次第で越えられる程度の多少難しい課題**を与えて努力させることが望ましいです。

4、「誉めること」「叱ること」の条件

「誉めること」「叱ること」はどちらもやる気を高めたり、持続させたり、好きにしたりする有効な手段です。だからと言って、無制限に誉める回数だけを多くしたりまた、繰り返し叱ったりするのは、そうしないと勉強をしない悪い習慣が身に付いてしまい、望ましい方法とは言えません。特に間違った仕方がいつまでも繰り返されますと、進んで自発的に

勉強しない習慣が定着してしまいます。どのような方法が効果的かは色々な条件により違いますので、以下述べるような状況を踏まえた上で対応するのが良いでしょう。

幼児期・小学校低学年までは誉めることを中心に対応する

習得して欲しい行動は誉めてやりましょう。誉められると、更に誉めて貰いたいという意欲が高まり、繰り返し行うことになりますので、望ましい行動が定着していきます。自己中心的な**わがまま**は取り扱いに注意しましょう。対応の仕方次第ではすねたり、泣いたりして不機嫌になりなかなか従ってくれません。昂じると泣きわめき、カンシャクにまで発展しかねません。このような場合は「**無視**」するのが良いです。無表情に振舞い、子どもの方を見ないことです。目と目が合うと子どもにとっては認められたとか、心配しているなどと勘違いしてしまい、更にエスカレートして泣きわめくことになりかねません。しばらくすると治まるものです。

小学校中・高学年になりますと、**善悪の判断**が多少できるようになりますので納得するまで説明してあげて下さい。自分の思いとほぼ一致しておれば、誉められると自信につながり定着していきます。反対に叱りますと、納得できれば不満でも引き下がりますが、理解できなければ自分の思いを通そうとして口答えをしてなかなか従おうとしません。

中・高校生になりますと、善悪の判断規準が身に付いておりますので、両親の思いと一致していれば誉められるにしろ、叱られるにしろ、納得しますが、異なっておれば徹底抗戦で反抗するようになるものです。

性格や生まれ育った生活環境の違い等によっても、反応の仕方が異なります。友だちとの付き合いが多い活動的な子どもは、誉められても、叱られても、その違いに余り影響されず、同じような反応が認められます。即ち、自然に友だちとの付き合いの中で、凡その**善し悪しの判断規準**が形成されているため、叱られると自分の判断規準と食い違う場合は、却って反発したり、それに触発されて努力しようとする意欲に結び付いたりするようです。また、親の子どもの考え方を受け入れない一方的な判断で誉めてみても嬉しいことには違いないでしょうが、本気で受け止める心情までには高まりません。**友だちと遊ばない内気な子ども**は、叱られるとくよくよと悩み、ますます落ち込んでしまいます。叱ると真正面から受け止めて委縮してしまう傾向が強いようです。このような子どもは誉めるに越したことはありません。

また、**どちらのタイプの子ども**にも、そのときの**気分次第**では誉められると益々気分が高揚し調子にのってしまう場合もあれば、叱られても大して苦にならない状態でおれる場合もありますので、そのような状態のときはあまり個人差を意識しないで、その場に合わせて臨機応変に対応して欲しいです。

5、勉強の手伝い方

学校から持ち帰った宿題は勿論ですが、採点されたテスト用紙などについて分からなかった問題に**自発的に取り組む場合**は、親はどのような態度で臨んだら良いのでしょうか。

子どもが学校で教わった解き方を思い出し、意欲的に取り組んでいるのであれば、「そうだ。そうだ。よく、思い出したね」と認めてやればよいでしょう。しかし、分からないまま放置していたり、解き方が思い出せず、行き詰って何時までも同じ間違った解き方を繰り返したりして、終には投げ出してしまい、挫折感を味わうことになってしまう場合があります。このような場合、どのように接したらよいでしょうか。

このようなときは、**的確な解決の仕方**を丁寧に教えてやる必要があるでしょう。それは言葉で説明して分からせようとするのではなく、実際にどうすれば良いか、子どもが行き詰っている問題のか所をゆっくりと正しい仕方で解いてみせます。おそらく、子どもは気づいた瞬間、〝そうか〟と頷いたり、その続きを自発的に解いたりするでしょう。その後、子どもに再度、正しい仕方で試みさせましょう。更に、親は類似した問題を作成して解かせてみて、本当に分かったことを確かめてみるのが良いでしょう。

筆者自身のことで恐縮ですが、現在、受講しているパソコン教室で、ときどき、一寸、ヒントをもらえば「なるほど」と気付くのに自分だけの力ではどうしても思いつかず、行き詰まってしまう場合が時々あります。このようなとき、先生は何も説明されないで正しい仕方で**大げさにやってみせて下さいます**。筆者は「なるほど」と頭いていた仕方に気付いて乗り越えることができます。このようにして憶えた入力の仕方は、印象が深く、いつまでも忘れません。

第六章　生活習慣が定着しない子への接し方

1、失禁状態が持続する子

夜中、眠っていて失敗するのが「**夜尿**」、昼間を含めて失敗するのが「**失禁**」、本項では両方を含めて説明します。

大体、ほとんどの子が三歳までに排尿は失敗しなくなるものです。しかし、夜尿だけに限って言いますと、週一回以上失敗する子が小学校入学する段階でも十人中一人位、小学校を卒業する段階でも二十人中一人位はいると言われます。

幼児期の育て方が間違っていたからと、決めつけてしまう訳にはいきませんが、第一に原因として挙げられるのは、**下着やパンツの種類**によるもので、失敗しても気付かないほど体型に合っており、吸湿性の高い布地のパンツです。いわゆる「**お漏らしパンツ**」であれば、自立しにくいと言われます。早めにこの種のパンツの着用を止めて、失敗に気付くようにさせますと、自立に結びつく効果があります。近年、この種のパンツが一段と開発されて、活用する親が多くなったため、自立していない子どもが増加しました。早めにこの種のパンツの着用を止め、**敢えて失敗させる機会**をつくる仕方を導入する方が良いのではないでしょうか。

二つ目は、病気のため**尿意が感じられない子ども**がおります。脊髄に障害があって下半身がマヒして、排泄を思うようにコントロールすることが出来ません。排尿したいかどうかが感じられないのですから、時間を決めて誰かが下着を取り替えてやる以外にありません。しかし通常、小学校の中・高学年になって**羞恥心**が芽生え、他人に下着を取り替えてもらうのが、**恥ずかしい年頃**になりますと、子どもによっては独りで後始末をするようになるものです。それまでは本人の気持を十分に理解してやり、始末をしてあげましょう。特に女性は低学年でも男性が介助するのをたいへん、嫌がるものです。

自立のさせ方

乳・幼児期に十分に学習がなされないまま、**小学生になっても続いている失禁**は、適切な育て方がなされると、殆ど直ります。一番良く用いられる仕方は、**定時排尿による方法**です。**夜尿**について解決の仕方を説明しますと、先ず、日常生活のリズムを整えましょう。特に排尿に関係が深い水分の摂取量を一定にしましょう。睡眠に付く時間を決めましょう。その後、数日間、いつ排尿がなされるかを調べましょう。その結果に従って起こしてトイレに誘う時間計画を立案します。

その上で**実施に移す**ことになりますが、一番、大切な条件は、**完全に目覚めさせている**ことがポイントです。そして少しでも排泄したら、スキンシップをするなどして、放題に誉めてやりましょう。失敗をしても絶対に叱るのは禁物です。排泄量が少なすぎると気付きにくくなるものです。綿密に注意深く調べましょう。これまでの実践例では、余りに少量なため気付かない場合が多いようです。ごく少量でも排泄していたら誉めてやることが、効果に結びつきます。

保育園や幼稚園に入園して**生活環境が変わったり**、弟や妹が生まれて育て方が厳しくなったりするとストレスがたまり、**赤ちゃん返り**をして失禁するようになるものです。ですから失禁したからと言って叱るのは逆効果こそあれ、良くはなりません。原因である育児環境の変化に慣れ、自分の居場所が分かるようになると次第に落ち着きを取り戻し、失禁しなくなります。

2、人見知りが激しい子

発生の原因

人見知りは、ほとんどの子に**生後八ヶ月前後**になりますと起こりますので、「**八ヶ月不安**」とも言われます。普通は九か月から一歳頃までには消えてしまいます。どうして起こるかと言いますと、**母親との心のきずな**が一番、強くなる時期で母親から離れるのが難しくなり、見知らぬ人を恐れるからです。母親と他の人とが区別できるようになったという証拠です。**心のきずな**は、温かい肌の触れ合いと子どもの要求をしっかり受け止めてやる親子関係の中で深まります。

対応の仕方

人見知りをして、母親にしがみついて離れられなくても特に心配する必要はなく、自然のままにしておけば良いのです。しがみついてきたら、しっかり、受け止めてやりましょう。母親が自分をどのような場合でも守ってくれるということが分かってきますと、離れて一人で遊べるようになり、人見知りはなくなります。

泣いたり、怯えたり、しがみついたりするのが、二歳以上になっても続くとか、極端に激しくなれば、それは問題でしょう。母親が無意識に一日でも早く自分の元から離れて独り立ちさせたいと考えていますと、子どもはそれを以心伝心、敏感に感じ取って、反対に母親から離れたくない気持が高まることになります。心のきずな、即ち、**信頼関係**をしっかり作ってやることの方が大切です。

激しい人見知りへの対応

三、四歳になっても激しく人見知りをして母親以外の大人や他の子どもたちと接しようとしない場合は、**八ヶ月前後で起きる人見知りとは区**別して考えた方が良いでしょう。それは母親と離れて生活することが情緒不安定になる**分離不安**のために起こるのが原因です。生まれつき内向的で神経質な性質の子どもだったのでしょう。このような子を甘やかしてわがまま一杯に育てますと、母親以外の人とは触れ合おうとしない子に育ってしまいます。心のきずなを深めるのは当然ですが、それ以外に**独り立ちするための強い心**を育てることが大切です。**母親自身が子離れをする**努力をすることが先ず、大切です。

3、叱責を素直に受け入れない子

テレビとかスマホから離れられないで長時間にらめっこをしているので、「やめなさい」というと、「明日は見ないから」とか、「終わったら勉強をするから」とか言って、**できも**

しない約束をしたりする子がいます。**弱い者いじめ**をして泣かせて帰ってきたので注意すると、「私が泣かしたのではない。○○君が泣かした」と**嘘をついた**りして、聞き入れようとしないなどの子に対して、どのように対応すればよいでしょうか。また、素直に聞けず、怒られないように**話をすり替えてしまう**子は、大人の注意の仕方に反省すべき問題点があったのが原因でこのような悪賢い返答をする子に育ったのでしょうか。

そのとおりです。注意の仕方に反省すべき問題があったからだろうと思います。注意の仕方には、**場当たり的な計画性のない注意の仕方、**例えば、「テレビを見るのを止めて、勉強をしなさい」とか、テレビを見すぎると、目が悪くなるから止めなさい」のように「**こごと」的な注意の仕方と**もう一つは、「これは前に約束した、見てはいけない番組でしょう」「今は見てはいけない時間でしょう」というように**計画的な、「きまり」的な注意の仕方**の二通りがあります。

「**こごと**」**的な注意**は、親子間に考えのずれが大きく、子どもは注意をあまり意識しないで、いいわけをしたりして、従わない傾向があります。それに対して、「**きまり」的な注意**

は、親子間に考え方のずれが少なく、自分から従わなければいけないという気持にさせます。前者の「こごと」的な注意の仕方の方が、素直に聞けない子を育てる悪い仕方に結びつくことになります。

注意したことに対して、弁解したり、嘘をついたりしてまで、**執拗に反らそうとエスカレートするようになるのは**どうしてでしょうか。それは**高圧的な逃げ場のない注意**をするからでしょう。「見るのを止めなさい。言うことを聞かない子は約束したデパートに連れていきません」とか、「弱い者いじめはどんなに言い訳をしても、悪いでしょう」とか、子どもの言い分を無視して、**一方的に強引に注意します**と、これ以上、反抗して叱られ傷口を大きくしないためには、**ごまかして逃げる方**が得だということになります。

注意が素直に聞けないような習慣は、小学校や中学校に入っても持続するものです。その内、親の注意を全く受け付けようとしないで「知らない」と言い張って、反抗的な態度で突っかかってきて、接点がなくなってしまいます。

その内、遂には親との会話や相談ごとさえできなくなってしまう恐れがあります。話し合うきっかけを作ろうとしても、自分の部屋に逃げ込んでドアーをバターンと閉めて出てきません。そうなりますと打つ手がなくなりますね。

望ましい注意の仕方

どうすれば素直に聞いてくれる子に育つのでしょうか。

先ず、その場限りの計画性のない小言的な注意をしていないか、高圧的な逃げ場のない仕方をしていないか反省してみることです。注意は、望ましくない行動を止めさせる方法ですから、反対に、**望ましい行動を促すように発想を変えます**。例えば、テレビ番組の内、見たいリストを作らせたり、それを一緒に見て話し合ったりしたら、良いでしょう。また、弱い者いじめをして帰ってきたのでしたら、一方的にカーッとならず、子どもの言い分をしっかり受け止めてやりましょう。そうして、いじめられた子の気持を分からせ、いじめないで我慢するよう約束をさせましょう。その後、守れたら、しっかり褒めてやりましょう。

4、初語が遅い子

満一歳の子どもには、何個位のことばがあるものでしょうか。一**歳頃の子どものことば**には、意味のあることばや何を言っているのか、分からないことばが混じっています。ですから、数では言えません。意味のあることばは**初語**（はつご）と呼びますが、パパ…お父さん、ママ…お母さん、ワンワン…犬、ブーブー…自動車、など、**唇を使って破裂させるような音**のことばです。このような初語がでるためには、満一歳までに、パパパパパパとか、マンマンマンとか、ワウワウワウとか、ブブブブなど、唇の遊び、**喃語**と言いますが、たくさん、発声していることが大切です。これらの音声は、自分で発声して自分で聞いて**繰り返し**を楽しんでいるのです。音が聞こえない聴覚障害児では、発声しても聞こえないためだんだん発声しなくなっていきます。

よく女の子と男の子では、男の子の方がしゃべり始めるのは遅いと言いますが、そのような傾向が認められるものでしょうか。確かに女の子が男の子より早いかもしれませんが、色々な要因が関わり合っておりますので、そう決めつけることはできません。
知能や社会性や運動能力などの発達が早ければ、おしゃべりも早いのではないでしょうか。心や身体全体の発達との関係で判断した方が良いと思います。また、家族全員が赤ちゃんの面前で賑やかにおしゃべりをしていますと、早く話をするようになると言われます。

初語のでる時期に特に家族が注意したいことは、「**ことばのお風呂に入れなさい**」と言われますように、たくさん、話しかけてやることが大切です。この場合、分かりやすいことばだけを整理して話しかけることとです。バイバイ、オハヨウ、イタダキマス、アリガトウなどの**挨拶語**は、いつも決まった状況下で言葉がかけられますので、意味とことばが結びつきやすいと言われます。挨拶などは家族全員がお互いに行うようにしたらどうでしょうか。シーシー、ネンネ、ダッコ、マンマ等、**指示語**も分かりやすいので、定まったことばを使って話しかけるようにしましょう。

ことばの発達の遅れについては、両親は一歳半位になると、気づくようです。その時は不安でしょうが、勇気を出して保健所や学校の「**ことばの治療教室**」などに相談されたら如何でしょうか。後手になるのは良くありません。ことばが出なかったり、遅れたりしている原因をはっきりさせないと、対応の仕方が分かりません。聴覚障害があってことばが聞こえず、出なかったのか、知的障害があり、憶える能力が劣っていたのか、発達障害があり社会性が育たないのかなど、可能な範囲内で原因を明らかにする必要があるでしょう。

5、乱暴な言葉を使う子

使い始める原因

乱暴なことばや人の嫌がることばは、テレビやスマートフォンなどで模倣して憶えるばかりでなく、腕力の強い友だちや兄弟などのことばに否応なく影響を受けて体得されるものです。それらをすべて取捨選択して聞かせることは難しいでしょう。たくさん、ことばを憶えている証拠だとプラス思考で捉えた方が良いでしょう。

一度、乱暴なことばは使い始めるとどうしても**癖になって**しまって、繰り返し使うようになるものです。人の嫌がることばを言うのを聞いて、周囲にいる人がいつも面白いと言ってげらげら笑って反応していますと、このようなことばを使えば、人は喜ぶと勘違いして判断するようになります。また、乱暴なことばに対して、いつもしつっこく、叱って言い直させておりますと、叱られることには慣れてマヒしてしまい、反対に乱暴なことばの方だけは、しっかりと脳に焼き付いてしまい、口癖のように使うようになります。

乱暴なことばを使いたがる子どもは、子育てにも原因があると言われます。家庭の中で、**わがまま一杯に育てられます**と、何でも自分の思いどおりになるものという**自己中心性**が身についてしまいます。そのために、思いが通らないと腕力に訴えるか、見境なく相手が気にするようなことばを大声でわめいて通そうとします。また、このような子どもは、幼稚園や小学校に入っても自分中心に構ってもらいたい気持が強く、相手にされないと乱暴なことばを言ったりして**気を引こう**とします。このような子どもが昨今、増加傾向にありますので注意したいものです。

対処の仕方

乱暴なことばを発したときには、その場で使わないよう厳しく叱っても良いものでしょうか。それはもっとも悪い仕方です。他人の気を引こうとして乱暴なことばを使ったら、「アーラ、嫌だ!!そんなことば」程度、軽く受け流して**取り合わない方**が良いです。周囲の反応がないと言ってみても張り合いがなくなり、言わなくなるものです。

幼稚園や小学校に入っている子どもが友だち同士で使っている乱暴なことばを家庭でも使いたがることがあります。「でも、お母さんは、そういうことばは好きではないな」と軽く伝える位に留めて過剰に反応しない方が良いでしょう。その内、ことばの良し悪しが分かるようになりますと自然に消えていくものです。

乱暴なことばに**しつっこくこだわる病的な子ど**もの場合、どのように考え、接したら良いものでしょうか。大人が子どもの能力以上に食事の仕方や洋服の脱ぎ着などを厳しく教えようとしますと、**ストレスが溜まり**それが鬱積して身体や行動に困った症状が現れるようになります。例えば、**肩や手足をピクッと動かすとか、空咳をする**とか、頭を横に振る等の「**チック**」がそうです。その一つとして、他人が嫌がることばを脅迫的に発する**汚言症**があります。男の子には女の子の二倍、現れると言われます。そのときは、育て方を反省して原因となっている**厳しい接し方**を止めることが大切で、情緒が安定してきますと自然に治まるものです。

第七章　集団生活になじめない子への接し方

1、友だちと遊ぶことができない子

接し方の二タイプ

人との接し方には二つのタイプがあります。先ず、「**縦の関係**」**での接し方**です。年齢や役割などの上下関係での接し方を指しますが、ここでは**親と子どもの関係**を意味します。親はわが子のわがままを我慢して受け入れてやり、子どもは自己主張を無理やり通そうとします。また、親はわが子の将来に期待をかける余り、レベルの高い教育方針を押し付けます。

第二のタイプは、「**横の関係**」**での接し方**です。**友だち同士など対等の関係**での接し方です。自分勝手な要求は友だちが認めない限り通用しません。また、友だちの要求を自分は納得できなくても我慢して受け入れなくてはならない場合さえあります。

昨今、特に**第一のタイプ**の接し方について、**生活環境が急速に変化してきたこと**から、集団生活にスムーズに入って行く能力が育っていない子が多く認められるようになりました。

生活環境が変わってきた事項を挙げますと、先ず、**兄弟の数**が少なくなりました。昔は喧嘩をしたり、我慢したり、泣いたり笑ったりして「芋の子を洗う」ように揉まれて切磋琢磨され、集団の中で生きていく〝丸い〟適応力のある力が育っておりました。

また、両親と子どもだけの「**核家族**」が多くなりました。往時は祖父母、孫などを含む大家族の中で生活しておりました。その上、今日では両親に**高学歴指向**の風潮が強くなり、多くの子が放課後は、塾に通うようになりました。また、パソコンが普及し、家にとじこもってゲームに夢中になっております。このようなマイナスの事情が重なって、友だちと遊べない臆病な、母親から離れられない**依頼心の強い子**が育ってしまうことになりました。

集団に入ることが求められる最初の機会

子ども同士の触れ合いが求められるようになるのは、早い子は家庭に事情があり、生後数か月で託児所に預けられる場合もあるでしょうが、多くの子は四歳から五歳になって**保育所や幼稚園、認定こども園**に入園する時ではないでしょうか。

前述した事情等の違いによって、勿論、生来的な性格もあるでしょうが、スムーズに集団に入って行けない子、なかなか難しくて登園するのさえ嫌がる子、無理強いすると**神経症などの不適応症状**が出るようになる子さえいるようです。どのように対処すればよいでしょうか。

集団に入るよう誘う仕方

ファミコンやオモチャなどを買い与えるのも度を越さなければ認めるとして、**家族と一緒に遊べる時間帯を積極的に作ったら**どうでしょうか。更に、近所の子たちを誘い、仲間に入ってもらうように努めましょう。このような遊びの中で、**順番**とか、**待つ**とか、**ルール**などのような**遊び方のルール**を習得するようにさせます。日曜日などは、父親にも参加してもらい、公園や遊園地に出かけて、ボール転がしや砂遊びなどを楽しんだら如何でしょうか。また、**友だちを誘って**郊外に出かけ、昆虫採集をしたりして、一緒に過ごすのが楽しくなるように仕向けたらどうでしょうか。

友だちが近くで遊んでいても遊びの中に入って行けず、独りぼっちでいるのは、仲間に入れてもらうための仕方が分からないからです。本人に「**仲間に入れて**と言ってごらん」とか、友だちにお願いして「一緒に遊ぼうと声かけてね」と言ってもらうようにします。母親は、遊んでやるというより、友だちとの**中継ぎの役割**に徹することが大切です。

友だちにちょっと触られただけでも、火が付いたように泣き出す臆病な子は、大事にし過ぎて育てたのが悪かったからです。このような場合、なだめすかしてでも、遊ばせようとすると、ますますエスカレートして、泣くものです。兄弟がいると、兄弟喧嘩をしながら泣かない子に育っていたはずです。焦らず、**親離れ**して、独り立ちできるように育てましょう。そのためには、母親の方が**子離れする努力**が必要です。子どもが泣いた位で心が動揺しない親になって下さい。

保育園、幼稚園、認定こども園に行くのを嫌がる子については、**子ども同士の関係は我慢し合う関係**ですから、わがまま一杯に育つと、集団生活がしんどいのは当たり前です。登園するのを嫌がるようになり始めたら、最初の間は、多少強制してでも、母親が一緒でも登園させます。それだけで治まる子もいますが、益々、行きづらくなってきましたら、**無理強いしない**で休ませましょう。家にいて多少落ち着いてきたら、放課後、同じ園の友だちを家に誘って一緒に遊ばせます。だんだん元気になってきたら、その友だちに誘ってもらって園に行かせるようにします。母親が「**本人が可愛そうだ**」などと、気持が動揺するのが一番、まずいです。

2、学校へ行くのを嫌がる子

嫌がる原因

学校へ行かなくなる時期は、**夏休み明けの二学期からとお正月明けの三学期**からが、時期的には一番多いようです。特に夏休み明けはすぐに運動会の練習が始まったり、家庭で過ごした生活のリズムが急に変わりますので学校に行くのが負担になるようです。

宿題や自由研究が全部完成していないなら、気の小さい子や神経質な子はそれが心配になって行けなくなります。夏休み中、生活のリズムがくずれてしまって夜更かしし、朝寝の習慣がついていますと、朝、起きられないし、無理に起されると気分が悪くなって学校へ行けません。このような子どもの中に**本格的な不登校**になる性質の子がたくさんいます。

不登校になる二タイプ

本格的な不登校、いわゆる**神経症的不登校**は、学校へ行きたくても学校へ行けないという矛盾した状態です。従って、登校が迫られる朝の時間帯が、一番苦しむことになります。それでも親に説得されて努力して学校へ行きますと、平常と変わらない状態で勉強をすることはできます。

もう一つの不登校は、**怠学**（タイガク）によるもので、朝、学校に行くのをしぶる点では同じですが、学校でも学習意欲がわかず、授業に参加できません。怠学は、勉強そのものが嫌いなのですから、勉強を好きにする取り組みが必要になります。神経症的不登校は、心の問題ですから、専門機関に相談されて、子どもの気持を大切にしながら、慎重に対処することが必要になります。第八章四項で説明します。

登校を勧める仕方

勉強は普通以上にできるのに**学校へ行くのを嫌がる場合**は、初めての経験でしたら、最初の段階は、多少無理強いしでも学校へ行くよう勧めます。母親が一緒に学校まで送っていくとか、また、教室まで入って落ち着くまで付き添います。そうしますと、その内、学級の生活に慣れてきて、次第に一人で行けるようになります。

しかし、子どもによっては、いつまでもいやがり、だんだん、顔色が悪く表情が乏しくなり、食事が進まず、熟睡できず、どうかすると熱がでたり、腹痛や下痢をするような症状が現れ始めます。その場合は、**神経症的不登校**の始まりと考えて、強制するのを中止し、専門機関に相談し、子ども自身の気持に沿うように、休みたいのであれば休ませるようにします。

夏休みなど、長期間の休みが終わって学校へ行くのを渋る場合は、**生活のリズム**を整えるのが第一の努力目標です。夜更かししないで、朝、早起きする習慣が日頃からできていると、学校が始まっても苦痛になりません。それから、宿題や自由研究もしっかり、完成させましょう。夏休みが終わって、学校へ行くのを嫌がるからと言って親は余りに**神経質にならない**方が良いです。

親がイライラしていると、その気持は子どもにストレートに伝わり、それがエスカレートして**真性の不登校**になりかねません。気にしない方が良いと言っても無理かも知れませんが、努めて気にしないよう努力することが望ましいでしょう。

3、家庭で勉強をしようとしない子

夏休みなどは、子どもにとって、仲間と山や海に出かけたり、両親の故郷へ長期間旅行したりして、精一杯、楽しく過ごそうと心待ちしている期間です。

学校を離れて家族と生活する時間帯が多くなりますと、どうしても生活が乱れて、朝寝したり夜更かししたり、また、勉強が億劫になってしまい、怠ける子どもが多くなるものです。そのため、両親は、毎日、一定の時間だけ勉強する時間を決めて、できたら自分から進んで椅子についてくれるようになって欲しいと期待して、悩むものです。

以上のような**勉強だけにこだわり過ぎる両親の悩み**は問題があるのではないでしょうか。夏休みは、友だちと遊んだり、自然を探索したり、史跡めぐりをしたり、とにかく戸外で一杯、活動することを中心に方針を考えた方が良いのではないでしょうか。**勉強は、宿題と自由研究、それに日記**に留めるべきでしょう。

遊びたいのに「勉強をしなさい」といつも強制していますと、その内、勉強嫌いの子に育ってしまいます。机の前に座って漢字のドリルをしたり、計算したりすることばかりが勉強ではありません。**自然と触れ合い感動すること**も勉強ですし、友だちと遊ぶことも社会性を育てるりっぱな勉強です。

文部科学省が行った以前の調査によりますと、太陽が沈むところを見たことがない。夜の空に星がキラキラ輝いている様子を見たことがないという子どもがたくさんおり、このような子どもには、「**思いやり**」の心も育っていないことが分かりました。今日の子どもにも同様の傾向があるのではないでしょうか。家族と一緒に自然を満喫しますと、感動も何倍も大きくなり、やさしい子どもが育ちます。

しかし、つい、遊ぶことに夢中になって、最低限の勉強もできないのでは困りますので、朝、涼しい内に宿題、そして自由研究、昼から戸外での遊び、テレビ、ファミコン、手伝い、寝る前に日記などのように、**休みが始まる最初の時期**に、計画を立てさせると良いでしょう。

自由研究

また、長期間の休暇になりますと、学校からは**自由研究**のような宿題が良く出されるものです。どのような**テーマ**を選んで、どのような**計画、方法**で研究させる仕方が望ましいでしょうか。

自由研究は、子どもが進んで根気強く、取り組むのが基本になりますから、先ず、何か疑問をもたせるようにして、それを解決させる仕方が良いでしょう。**疑問の持たせ方**には、二通りがあります。一つは、「**なぜ**」**という疑問**を持たせる仕方で、朝顔はなぜ夜咲かないで朝咲くのか、なぜ航空機は鉄の固まりなのに空に浮くのかなどというものです。他の一つは、「**どうすれば**」**という疑問**の持たせ方で、どうすれば、朝顔を夜、咲かすことができるのか、どうすれば、航空機は空に浮くようになるのかなどです。**発明発見**も出発点は、この二つの疑問から生まれます。

自分から疑問が生じた興味のある課題が見付かったら、親も子どもと一緒になって、アーでもない、コーでもないと、話し合いながら、徹底的に、**子ども中心**に研究しましょう。学校への提出物は、失敗した結果、研究の途中までであり、未完成であっても良いのではないでしょうか。却って子ども自身が取り組み、苦労したことが分かり、認められて努力賞が戴けるのではないでしょうか。

その他、テレビやファミコンの傍から離れようとしないで、「勉強をしなさい」と言っても親の言うことを聞いてくれない等、**対応に苦慮する状態についての問題**です。勉強は、テレビを見たり、ファミコンをするのに夢中になっているときに、いくら勉強をしなさいと言葉をかけても無理です。**後手、後手にまわってては**だめです。**先手でいかな**いと効き目はありません。

あらかじめ、テレビやファミコンに夢中になっている時間は何時から何時までか、終わったら何をするかの計画をしっかり立てさせます。それが守れたら、放題に褒めてやりましょう。少なくとも、テレビやファミコンの時間には仕事を言いつけたりするのはやめたいものです。親の方が子どものせっかくの計画をぶち壊してしまう場合が多いのですよ。勉強は、少しでも良いから毎日、**根気強く行な**うように習慣化することが大切です。

4、話をすることができない子

友だちと話ができない子

言葉があり、話ができるのに、しゃべることが難しい状態を「**緘黙（カンモク）症**」といいます。その内で、家ではおしゃべりできるのに幼稚園や学校など、場所が変わると、全く黙りこんでしまって、話そうとしない状態を、**場面緘黙症、又は選択性緘黙症**といいます。特定の人とは話ができるがそれ以外の人とはできない場合なども含まれます。

三、**四歳頃に比較的多く発症**します。保育園、幼稚園への入園、転園は、子どもにとってストレスが高まりやすい環境の変化であり、発症する切っ掛けになる傾向があります。**過保護**に育ったりして、母親と離れて生活することが難しい**母子分離不安**のため、集団生活の場で話をしなくなった子は、原因がはっきりと分かっているため、母親や先生はどう対処すれば良いかが分かりやすく、接し方一つでかなり、**改善されるようです。**

しかし、自分から進んで行動しようとしない、指示されるままに**受動的に反応する性格の子**は、友だちと関わろうとしない自分だけの世界に閉じ籠って安定しているので、**接し方の効果は、余り期待できない**ようです。

緘黙児の行動特徴は周囲の子と関わろうとしない点に個人的な問題があるのであり、他児の勉強や遊びの妨げになるようなことは、一切ありません。そのために幼稚園や学校などの集団活動を主とした勉強や遊びの場では、**放任しておかれる傾向**になりやすくなります。俗にいう「**お客様的扱い**」になってしまい、置いてきぼりになり**年齢相応の発達課題が育たないこと**になってしまいます。そうならないよう先生は常に意識して**積極的に、**本児なりに活動できる機会を与えて欲しいものです。

A子の緘黙が解消された要因

A子は小学三年生です。四月、新しい担任に代わりました。前担任から「**A子は家では話をするが、学校では全くしない**」という引継ぎがありました。新担任は学級の子たちと初めて対面する際は、A子が「話をしない」ことは知らない**フリ**をして、一人、ひとり、名前を呼び返事をして貰うことにしました。どの子も大きな声で返事をしましたが、A子だけは俯いて、黙っておりました。「A子さんはいないのですか」と催促しました。そうしたら、周囲の子どもたちが、「**A子さんは話をしないのですよ**」と一斉に、先生に教えてやるように応じました。

四月が過ぎ、五月に入って**保護者参観日**が近づいたので、参加の諾否のプリントを全員に渡して、**次の日、返事を貰ってくるよう**、お願いしました。明くる日、A子を除いて全員が返事を記入したプリントを持ってきておりました。

先生は、内心、A子とコミュニケートする絶好のチャンスが来たと感じ、下校の挨拶をした後、A子だけ残って貰いました。「**A子ちゃん、おかあさんは来ると言いましたか**」と尋ねました。俯いたまま黙っています。「ハイかイイエかどっちですか」黙っております……。先生は、その沈黙に耐えられなくなって「それでは、紙に書いて下さい」と返信用のプリントを渡しますと、「**おかあさんはくるといいました。**」と書いて持ってきました。

五月下旬に**家庭訪問**があり、A子の家に行きました。家庭では妹がいてふざけ合っていました。何か話し合っているようです。母親とも話をしていました。少し**幼稚な話し方**をしているなと感じました。

そこで先生が「A子ちゃん」と言葉をかけると、黙っています。返事をしません。「返事をしてくれないなら、これからA子ちゃんのお家には行けないね。A子ちゃんはいますか？A子ちゃん」と言うと、「**はい**」と小さな声で返事をしてくれました。しかし、その後も学校では一言も言葉を発しませんでした。

二学期になって、家庭の事情で**他の学校へ転校**していきました。それから一年過ぎた五月の**春の体育祭**の時、偶然、A子が妹と二人で、本校へ遊びに来ておりました。妹が三年次の担任だった先生の所に近づいて、「姉ちゃんは**話をするようになったんよ**」と教えてくれました。A子は妹の背後に隠れるようにしておりましたが、「A子ちゃん、話をするようになったんね」と声をかけますと「**はい**」と返事をしました。「新しい学校は楽しいですか」、こくりと頷きながら「**はい**」と応えました。

A子は転校して何が話をさせる切っ掛けになったのでしょうか。恐らく、A子を取り囲む**コミュニケーション環境の違い**ではないでしょうか。以前の学級では、子どもたちはA子が話をしないものと思い込んで接していたのに対して、新しい学級では話をしないなどとは誰一人思っておらず、**ごく自然に話しかけていた**のではないでしょうか。

新担任が新学期の初めに出席確認した際に、「A子ちゃんは話をしないんよ」と一斉に教えてくれた学級の雰囲気が、実はA子が話をしない緘黙症の原因になっていたのではないでしょうか。

中学生になって口を利かなくなった子

中学生になると、多くの子どもに認められる「**第二反抗期**」が原因で発生する「話をしなくなる傾向を中心に紹介したいと思います。

子どもたちの多くは小学校の高学年になりますと、親の言うことが素直にきけなくなり、中学生になる頃からは、エスカレートして口まできこうとせず、**反抗的態度**が強くなります。親に頼っていた生活から離れて、独り立ちしたいという要求からでてくる行動です。**「第二反抗期」**とも言います。ですから、この時期の反抗は、うちの子も正常な発達をしているなと考えて喜ばなければなりません。

中学生になった頃は、まだ独り立ちするだけの力がなく、自信がないのに親には従いたくない、しかし、独り立ちはしたいという情緒が不安定な状態にあります。ですから、わざとふてくされてみたり、大人っぽい態度を取ったりして、虚勢をはります。また、まだ自分の考えていることが十分に説明できないので、叱られないように隠れて悪事を働いたりします。この状態が高じると、大変扱いにくくなります。

対応の仕方

少なくとも、「生意気になった」と**否定的な態度**で対応するのは、良くありません。その言葉には、「ろくに何もできないのに、偉そうにして」という気持が込められているからです。子どもは、それが十分分かった上で虚勢を張っているのですから、益々、口をきかなくなるでしょう。「うちの子も独り立ちしようとしている」と前向きに捉えて、子どもを信頼するように努力してみたらどうでしょうか。高圧的に叱るのではなく、子どもと同じ目線で子どもの言い分をしっかり聞いてやるようにしではどうでしょうか。

口をきかないで、生意気な態度を取るような反抗は、通常、高校生の前半までには治ります。しかし、親が高圧的に叱ったり、過度に心配したりすれば、長い間続く場合もあります。高校生の後半から大学生の前半頃になりますと、考え方がかなりしっかりしてきて、親と対等にものが言えるようになってきます。親の考えの間違いなどを真正面から指摘できるようになります。しかしその場合でも、まだ、考え方が十分でありませんので、**親は自信をもって意見を述べる**必要があります。

子どもが成長していく変化の過程を無視して、いつまでも高圧的態度で接していると、渋々従っていた子どもの場合は、自分に力がついてくると、自分のことは自分で考え、行いたいと思う気持が強くなり、親と徹底的に争う**家庭内暴力**へと発展する場合もあります。

第八章　特に対応の難しい子への接し方

1、攻撃的傾向の子

攻撃的な子とはどんな子でしょうか。

テレビが見たいのに「見てはダメ」とか、店頭でゲームがしたいのに「してはダメ」と言ってさせてもらえないとき、子どもはどんな反応を示すでしょうか。その一つに、年齢によっても違うでしょうが、我慢しきれず、泣きわめくだけでなく、真っ向から暴力に訴えたり、事物を投げたりして、攻撃的仕方で、気持ちを表そうとする子どもがいます。

攻撃の対象は、制止した親や傍にいる人、その他、事物に当る場合もあります。いわゆる「**八つ当たり**」です。仕方は、**行動に訴える場合**、叩いたり、蹴ったり、事物を投げたり、また、**言葉に訴える場合**、卑猥なことばでなじったりします。特に些細なことでも、直ぐに、攻撃的な行動で反応する仕方が定着している子のことを「**攻撃的な子**」と言います。

普通、多くの子どもは、たまには、機嫌が悪く思うようにならないとき、気持ちが高揚して、爆発することもあるでしょう。しかし、めったにこのような状態になることはなく、平常は気分が安定しており、代わりの仕方や事物を探して、気持を落ち着かせて行動するものです。思いどおりにならず、切羽詰まった緊張したときに、意識してぐっと我慢する力を「**耐忍度**」と言います。このような力が育つと良いですね。

耐忍度が育たないのはどのような原因によるのでしょうか

一般には、**甘やかして育てられた**ため、何でも思い通りになり、「ダメ」と言われた経験がなく、我慢する必要性がなかったことに原因があります。また、反対に、たいへん**厳しく育てられて**、自分の気持を表わすことさえ、許されず、解決する仕方を体得する余裕すらなかった可哀そうな子どもも耐忍度は育ちません。

小学校に入学する頃になりますと、普通は学校生活で安定して過ごせる程度の「耐忍度」は、習得されているものです。しかし、僅かですが望ましい仕方が身に付いておらず、集団生活ができない子どもがいます。それは幼児期に時々、発生した攻撃的な行動に対して、両親の対応の仕方が成功裡に出来なかったことに原因があります。

元々、攻撃的な行動は社会的に認められない性質のものであるために、厳しく叱責を受ける場合が多くあります。それが度重なると、制止した親や相手に対して次第に「**敵意**」**の感情**をいだくようになり、次第に攻撃的な仕方に訴える気持ちがエスカレートしていくようになります。

一例を挙げますと、父親が兄弟喧嘩をした際に、特に兄に対してだけ理由も聞かず**一方的に厳しく叱り続けた結果**、本来、父親に抱くはずの敵意がそれが出来ないため、学校の友だちにすり替わって、敵意を抱くようになりいじめを繰り返すようになりました。加害者の子どもについて家庭調査をしてみましたところ、父親が厳しく叱る養育態度であることが分かりましたので、その態度も改めて貰いました。その結果、友だちへのいじめが次第になくなりました。

攻撃的な子への対応の仕方

三、**四歳頃**になると、自分が思うようにしたいという気持を通そうとする感情が芽生えてきます。**第一反抗期**です。その気持を制止しますと、大泣きしたり、寝転んで足をバタバタ床に打ち付けたり、ドアーを蹴ったりする行動が認められるものです。その内、**良い、悪い判断の区別がつく**ようになりますと、次第に治まっていきますので、特に心配する必要はないでしょう。発達の過程で起こる行動だと捉えれば良いでしょう。しかし、それを両親が感情的に捉えて、強引に制止したり、厳しく叱ったりしておりますと、ますます、**反抗する態度が強化**されていきます。また、反対に意に介しないで何でも**思い通りに認めてやって**おりますと、大切な耐忍度は育ちません。

保育園や幼稚園で、友だちを引掻いたり、押して転ばしたりして、相手が泣くと、「ごめんね」などと気を遣い、先生の関心を誘うような行為が見られますが、頻発しないのであれば、放任せておけば良いでしょう。ただ、このような行為が相手に対して良くないことだとしっかり言い聞かせることは大切でしょう。

保育園で暴力をふるうようになった子

　Ｂ保育園から「友だちを虐める子がいるがどのように接したら治るだろうか」という相談がありました。そこで遊びの様子を観察することにしました。

　五歳児グループでしたが、十人位が車座に座って「ハンカチ落とし」のゲームをしておりました。そこで遊びの様子を観察することにしました。かなり、夢中になって取り組んでいた時、**比較的身体の大きな男の子が突然、立ち上がり、真向かいに座っていた弱々しそうに見える男の子**のところへ駆け寄り、先生が気付いて制止されるより早く、突き飛ばしました。

　被害の子はドーンと転がり、「ワーッ」と泣き出しました。先生は**突き飛ばした子を睨みつけるようにして、「ダメ!!」と注意される**と同時に、泣いている子に対しては**抱き上げて「イタカッタネ」としばらく宥めておられ**、その後もゲームはしばらく続きましたが、先生の加害の子への態度は他の子に対してより冷たいように感じました。

攻撃的行動は、被害を受ける相手がある訳ですから、された子どもが泣いたりすると、目立ちます。そのため、先生方は常に注意して観察しておられる行動であり、社会的にも問題になり易い行為ですので、友だちへの暴力的行為が発生すると、深く考えないで、咄嗟の判断で反射的に加害者の子どもを厳しく叱る傾向があります。それに対して、被害者の子どもには抱き上げてみたり、痛がるところを撫ぜてやったりして、易しく当たられます。このような対応の仕方が、繰り返されますと、加害した側の子どもは、受けた子どもに**敵意を抱く**ようになり、ますます、虐める行動が激しくなることに結び付きます。

攻撃的な行動を起こしやすい子は、どの様な経過で加害する性質が身に付いたものか、原因を調べる必要があるでしょう。案外、家庭内の対応の仕方の失敗が原因で起こる場合が多いようです。

2、興奮傾向の強い子

未熟な情緒の発達

興奮傾向の強い子は要求が受け入れられないと、それが些細なことであっても激情してしまい、泣き叫ぶ、ののしる、暴力を振うなどの過激な行動に訴えて、無理やり通そうとする傾向があります。

幼児期に観察されるこの種の行動は、一般に「**カンシャク**」と呼ばれています。普通は年長になるにつれて消失するものです。しかし、それが並外れて激しかったり、学齢期まで続いて、日常生活や学習活動にまで支障が生じるようになりますと、何とか多少でも軽減する手当をしなければならないのではないでしょうか。

「カンシャク」はどのようにして処理すれば治まるのでしょうか。

興奮傾向を生じさせる原因の一つは、カンシャクに対する親の処理の仕方の失敗が挙げられます。子どもが自分の要求を通そうとした際、親は**わがまま**と捉え、我慢させる必要があると考えて、初めの段階は何とか断念させようと試みるものです。しかし、子どもの興奮が激しくなるにつれて、最後には根負けして要求を受け入れてしまうことになってしまいます。このようなやり取りが繰り返されますと、興奮傾向はますます強化されていくことになります。

原因の二つ目は、**父親の家族に対する暴力**が挙げられます。父親が自分の気に入らない出来事に対して、直ぐに家族に暴力を振うなどの情緒的行動が頻発していますと、子どもは模倣して同様の行動型式に訴えるようになるものです。

三つ目は、**自律神経系が敏感な体質の子ども**に起こります。このような子のカンシャクは顔色が青ざめたり、手先がふるえたりする徴候が認められます。身体的な機能障害に原因の一端があると推察された場合は、医者に相談して対策を立てる必要があるでしょう。

カンシャクはできるだけ幼児期に治すように心掛けましょう。**要求はいつでも自分の思い通りにはならないこと、我慢しなければならないこと**があることを、繰り返し、体験させるようにしましょう。学齢に達した子どもでは、発症した場合は、カンシャクを我慢させる**絶好の勉強の機会**だと前向きに捉えて、どんなに激しいカンシャクでも絶対に感情的にならず、冷静に我慢の仕方、解決の仕方をしっかり、教えてやりましょう。

また、日常生活の中で、故意に本人の要求が通らない**危機的場面を計画的に作り、**我慢して乗り越えさせる解決の仕方を指導します。恐らく、初めの内は、いつもの激しいカンシャクが生じるでしょう。それはできるだけ無視するように努めます。根本的に治すという親や先生の根気強い心構えが必要です。

他方、日常生活の中で少しでも我慢しているような様子が見受けられましたら激励し、誉めてやりましょう。

3、多動な子

多動とはどのような動きを言うのでしょうか。

「多動的である」と言われる行動には多様な動きの状態が含まれます。同じ場所にじっとしておれず、常に動き回っている状態、また、手や足など身体の一部を始終動かしている状態、些細な刺激に鋭敏に反応し注意が集中しない状態、一つの遊びに飽きやすく関心が直ぐに他の遊びに移る状態などがあります。しかし、これらを多動性と捉えるかどうかは、接している人の立場によって異なります。落ち着いて欲しいと期待している親であれば、多くの子どもに認められる程度の多動的な行動でも「落ち着きがない」とか、「そそっかしい」と判断してしまうでしょう。学校の先生では騒いだり離席したりして、他の子が集中して勉強ができないのであれば、多動であるとして問題にするでしょう。

どのような原因から生ずるのでしょうか。

多くは家庭環境に問題があり多動傾向を身に付けるようです。生活する場が常に慌ただしい雰囲気であるとか、両親が騒々しかったり、転居が多かったりすると、形成されやすいようです。親のしつけが厳しくその反動として家庭外で多動になることもあります。反対に祖父母から多動を「元気がある」とか、「気がきいている」などと褒められて育てられたためになることや、オモチャや本などを無制限に与えられ目移りがして一つに注意できなくなって形成されることもあります。多くはこれらの要因が錯綜し合って多動を深化させたと推察されます。その他に、環境には問題がなかったのに生まれつき脳機能に障害があり、随伴して現れる場合もあります。

どのような接し方が良いのでしょうか

先ず、その子が多動になる原因は何かを探しましょう。脳障害による場合は医者に相談しましょう。家庭の生活環境に原因がある場合は長期間の取り組みが求められますので、両親が中心になり、時々、本人の落ち着きの程度をチェックしながら、それに対する家庭環境の調整を図るように粘り強く努力しましょう。家族全員に責任があるという自覚が大切です。

三歳になって、多少でもことばの意味が分かるようになった子どもにはことばと結びつけて指導します。例えば、「○○ちゃん」↓「はい」と言って挙手させます。「立って」「座って」「止まります」「走ります」などと言って動作を結び付けてさせます。元々、三歳頃の子どもでは、**落ち着きなく動き回ることが本来の姿**です。もっと言えば動かないでジーッとしているのは病気のときであり、動き回るのは元気の証拠です。ことばを取り入れて指導することにより自分の動きをことばを介して意識するようになっていき、自身でコントロールできるように発達していきます。

4、登校拒否児

どのような理由で学校へ行けなくなったのでしょうか。

第七章二節で説明しましたように、**登校拒否児**とは、学校にも家庭にも理由がないのに、どうしても学校へ行けなくなる状態の子を言います。勉強するのが嫌いで、学校へ行けなくなる「怠学」（怠け癖がついて行けない）とは違います。両者の区別は、前者は学校へ行ってしまえば一生懸命に勉強をしますが、後者は勉強に参加できません。

学級の組み替えや担任の先生の交替、いじめ、先生からの叱責、長期間の休暇後などのような、引き金になる原因が分かる場合もありますが、全く、分からない場合もあります。原因らしいものが分かっても、それを取り除くことで治まるというようなものではありません。

最初の頃の現れ方は、朝、登校する時間帯に起きられない、頭が痛い、お腹が痛い、目まいがする、熱が出るなど、とにかく、身体の不調を訴え学校へ行かないことが多いようです。欠席する日数が多くなると、進級できなくなるのではないかと家族が心配の余り、無理強いしたり、先生が訪問してこられたりする機会、**登校刺激**が増えますし、本人もまた、将来、どうなっていくだろうかという不安や、友だちは勉強しているのにできない苛立ちや、悪いことをしているような罪悪感に悩むようになり、**ストレス状態**が高まっていきます。

小・中学生の場合は、親や先生がその子に合った効果的な方法を見つけて試みている内に、次第に登校するようになる場合が多く認められます。放課後、親しい友だちに宿題を持って家に遊びに来てもらい、数回、繰り返してから、朝、登校に誘ってもらうとか、母親に付き添ってもらって、保健室まで行き、そこで終日勉強をするとか、掃除の時間は所属学級の子ども達と一緒に活動できるようにするとか、特に保健室を利用する方法は、「**保健室登校**」と言われるように、子ども達が行きやすい場所のようです。ほとんど半年か、一年以内で登校できるようです。

高校生になりますと、家族や先生、親しい友だちと接することさえ、難しくなりますので、打開の切っ掛けをつかむことが難しく、解決するまで、数年を要する場合さえあります。登校できなくなって、数か月経ちますと、**不眠症や食欲不振**に陥り、部屋に閉じこもって出てこられなくなり、スマートフォンなどに執着するようになります。食事は家族がいないことを確かめてから行うなど、**気を遣う**ようになります。

他方、自分がこんなに苦しんでいることが分からないのかと、母親に対して、暴力を振うようになる場合もあります。

家族は、半年も経ちますと、学校は既に出席日数が不足しているので進級できないとか、本人がそれを乗り越えるため、努力する意欲が全く起こらない等、見通しが立たなくなってきます。家族の側がそれなりにあきらめの境地になり、冷静に本人が希望する学校や将来のことを考えさせるような発想へ変わっていきます。

本人は、在籍した高校に行かなければいけないという気持から脱し、落ち着いてきますと、自発的に進路を探すようになっていきます。パソコンで調べたり、塾の先生や友だちに尋ねたりして、調べるようになります。その段階になりますと両親にも、少しずつ、自分の考えを打ち明けたりするようになってきます。概して、所属していた高校とは異なる形態の学校を選択する傾向が多いようです。例えば、所属した高校が普通高校であれば、定時制高校やフリースクールなどです。そうして自分なりに塾に行ったりして、進学したい大学や就職先などを選択し、その目標に向かって努力するようになっていきます。

不登校と家庭内暴力を発症した子

男子高校生が不登校になり、母親への暴力行為が発症した事例を紹介しましょう。対象の子は年齢が本著の対象範囲内には入りませんが、子育て中に起きた暴力沙汰ですので、敢えて紹介したいと思います。

家庭内暴力は、以前は、起こるべくして発生するような問題の家庭や子どもがおり、特定の家庭に限られておりました。ところが、近年では、**非行の一般化**と言われるように、ほとんど普通の家庭、それも経済的には困らない裕福な家庭に多く、子どもの成績は中から上で、家の外では大変礼儀正しいと言われているような子どもがいる家庭に頻発するようになりました。

その男子は**高校二年生の中間試験**の直前になって「にきび」を気にし始め、学校に行かないと言い出しました。**不登校**は、些細なことがきっかけで始まるものです。病院に行ったり、にきび取り器を取り寄せたりしても治りません。学校に登校しなくなり、友だちが定期試験を受けている期間は気になるのか、落ち着いておれなくていらいらし、**その不安を母親にぶっつける**ようになりました。夜も母親を寝かせません。寝れば水をぶっかけます。洋服は、外出できないようにズタズタに切り裂きます。その内、**お小遣い一万円出せ**と強要するようになりました。それが段々エスカレートし、十万円になります。それまで無視していた**父親**も、強い決意の下金銭を与えることは絶対に認めてはいけないと覚悟して、対決しました。しかし、結果は、子どもの要求通りに約束させられてしまったのです。

ところが、どうしたことか二週間して**急転直下、学校に行く**ようになったのです。その子は学校で十番以内に入るような成績のいい子だったのです。どうも中間テストの勉強が十分にできていなかったらしいのです。不登校を起こす前まではいい子で親の言いなりになっていて、「勉強をしなさい」と言われて素直に従っていましたが、この度は十分、勉強ができておらず、**期待過剰の重圧に耐えられなくなったのではないでしょうか。**

子どもは、法外な要求を父親が受け入れた段階で、両親が子どもの要求を受け入れる態度に変わり、期待度を**子ども中心の考え方に沿って決める方針**になったことを感じ取ったのではないでしょうか。つまり一般に、中学・高校生時代には**第二反抗期**という、子どもが両親の元から離れて自立していく過渡的段階が誰にでもありますが、この発達段階を獲得するために、この子にとっては、これほどまでに親に反抗しなければ獲得できないような家庭環境であったのではないでしょうか。

母親は、立派な仕事に就いている父親を誇りにしていて、子どもの父親のように偉くなって欲しいと過剰な期待をかけていたのではないでしょうか。素直であるが故に、それに従おうと努力したが、いつまでも耐えられるものではなかったのでしょう。これが**家庭内暴**

力という形になって爆発したものと考えられます。現在、この高校生と同じように、周囲から、過剰な期待をかけられ、勉強を強いられている子どもが多いのではないでしょうか。

紹介した高校生は、その時、頂いたお金は実際に使うことはなく、貯金していたそうです。

第九章　スマホ世代の子に待ち構えている罠

「スマホ世代」とは

「**スマホ**」ということばは「**スマートフォン**」の略称で携帯電話のことです。機器の中に組み込まれたインターネットを通してニュースを観たり、友だちと会話やメールをしたり、ゲームもできる便利な通信機器のことです。二〇一〇年前半に実用化され販売されるようになりました。手軽で便利さも加わって、急速に普及して今日では子どもから大人まで使うことが出来る人はほぼ百%、生活の一部として活用しているのではないでしょうか。更に昂じて一日の大半をスマホに費やし自身のなすべき仕事が出来ない、スマホなしでは生活できない人いわゆる「**スマホ依存症**」にまでなっている人も多数いるのではないでしょうか。まさに「**スマホ世代の到来**」といっても過言ではないでしょう。

1、スマホの便利さ

スマホの機能には、ニュースや映画、音楽などを観たり聴いたりする働きがすべて組み込まれております。また、メールを発信したり受信したり、写真を撮って送ったり、それを記録して残しておく働きもあります。更に、欲しい商品を選んで注文して代金を支払ったりすることもできます。

ひと昔前までは、ニュースを観るのはテレビ、話をし合うのは電話、メールは手紙、欲しいものはお店に買いに出かけておりましたが、それが家にいながらスマホやパソコンですべてができるようになりました。

更に、スマホは通常、**インターネット**に接続されており、手軽に動画が見られるようになりました。子どもたちが興味を惹きそうなアニメやドラマ、ゲームなどもたくさん、提供されるチャンネルが組み込まれております。また、パソコンを活用しますと長い文章が容易に作れるようになったため、ますます、利用価値が高まってきました。勿論、外出しているときは常にスマホを携帯して暇さえあれば、どうかすると歩いているときであろうと、乗り物の中であろうと、ゲームに夢中になったり、イヤーホンをつけて音楽を聴いたりすることができます。近年、歩行中に夢中になってスマホを見ていたため、交通事故さえ起こるようになりました。

スマホは、友だちと付き合うのに話をし合ったり、メールで考えを交換したり、写真や動画などが送れるので、たいへん重宝な機器です。二人の間だけではなく、複数の人との間でも同時に情報を交換できます。

今日、学校では**ウイルス感染**を拡大させないため、自宅にいながら間接的に授業が受けられる「**オン・ライン**」による学習の方法が導入されるようになりました。教師の話を聞いたり、質問したり、子ども同士がお互いに意見を言い合ったり複数間で自由にやりとりを可能にする機器が開発されました。

往時の固定式の電話は二人で話をし合うだけであり、ＦＡＸで文章を送るだけでしたが、スマホは世界中の情報が**インターネット**を通して寸時に手に入るようになりました。また、自分の考えを多くの人に伝えることも扱い方を駆使することによって可能になりました。

スマホ世代に育っている子どもたちはこのような恵まれた環境の下で、生活の一部として生活しておりますので新しい時代を支える「**新人間**」として育っていくのではないでしょうか。中央官庁にも新しく「**デジタル省**」が設置され、時代は急速に変化・進展していくものと直感します。

2、親密になり過ぎた友だち関係「メル友」

友だち同士、意気投合してことばやメールだけでなく、写真や動画まで挿入して交換することが容易に出来ますので、切っても切れない親密な関係になっていく傾向があります。いわゆる「**メル友**」といいます。場合によっては、一度も会ったことがない人と、偶然、趣味が一致したとか、友だちが紹介してくれたとか、何かのきっかけでメールを交換し意気投合してしまい、「メル友」となる場合さえあります。

スマホを介して付き合う関係を「**オンの世界**」、直接、対面して会話する関係を「**オフの世界**」と言います。メール交換がエスカレートしていきますと、直接、会って友情を確認し合っているだけでは物足りなく不安になり、別れても折り返しメールして相手の声を聞くだけで安心するような深刻な関係に高まっていきます。友だちが出なくてもアクセスをしたという証拠は相手のスマホの受信欄に残る訳ですから、相手が読むだろうと考えるだけで安堵するようになります。

このようなやり取りが重なっていきますと、メールも、一言「ゲンキ」とか、「アイタイ」など、簡単な文を入力したり、どうかすると本音を長々と打ち明けたり、恨み言を言ったりして、支離滅裂な内容に深まっていきます。

更に昂じますと、特に伝える内容はないのにお互いにメールを「オン」にしたままにして対面しているかのような雰囲気に浸っているような気分になり、どちらかが勝手にメールを切り「オフ」にしますと、嫌われたのではないかと心配になり落ち着きがなくなり、心情的に切っても切れない異常な関係に落ち入ってしまう場合さえあります。

このような「**メル友**」がエスカレートした状態にまで亢進するようなタイプの子どもは、どちらかと言えば、内気で友だちも少人数であり、**思春期段階の女の子**に多く認められます。結構、成績の良い子にも見出されます。その内、家庭では両親とも話をすることが少なくなり自分の部屋に閉じ籠り、特にスマホの相手の話題に関しては口を堅く閉ざして、身内に相談することもしなくなります。親はこのような気配に気付くと、スマホを取りあげたり、叱責したりして厳しく対応しがちになりますが、ますます心情的に混乱していきますので、**カウンセリング専門の先生**に「どうしたら良いか」を相談される必要があるでしょう。

3、人気のある「出会い系交流サイト」

友だちと交流し合えるスマホでの**仕組み**（**サイト**）にはたくさんの種類があります。通常「**出会い系交流サイト**」とか、SNS（ソーシャル・ネットワーキング・サービス）が使用されます。会員になるためには登録することが求められますが、有料のもの、無料のもの、掲示板が設けられているもの、誰でも入会できるもの、子ども対象のもの、学生対象のものなどまであります。

元々、出会い系交流サイトは結婚する配偶者を探すためや、就職先を探すためとか、同じ趣味を持つ人同士が交流する手段としてとか、利用しておりました。それが近年、次第に活用範囲が広がり悪用されるようになり、子どもを巻き込む性犯罪にまで及ぶようになりました。

子どもがよく利用する**人気のある交流サイト**には気持ちを惹き付ける工夫がなされております。

① メールだけでなく、電話のように話ができます。
② 登録者同士を無作為にマッチングさせ、偶然、繋がった相手が友達になります。その

ため、相手がどんな人か興味が沸き、将来が夢のように広がります。

③　交流していて気に入らなければ、自分勝手にいつでも返信しなければ良く、切ることができます。

④　個人情報は入力しなくても気軽に利用できます。

メル友になり、情報交換している内に意気投合して、ひいては、**対面**しようという段階になります。自分が想像していた通りにすばらしい人で、真面目な交際を求める人であれば、それに越したことはありません。しかし、相手が予想に反して、嫌いなタイプの人であったとしたらどうしたらよいでしょうか。個人情報を交換していないだけに、**メール上での人物像**であり、誤解している場合がたくさんあります。写真を交換していなければ、実際の容姿は対面して初めて分かることになります。

また、悪意を抱き初めから騙そうとして、意図的に交流を申し込んだ悪い相手と対面することになったとしたらどうしましょう。最悪ですね。相手が騙すことに長けた人であれば、気付いた時、既に遅しです。どうすることもできません。交信関係が成立した最初の段階で、相手がどんな人かをしっかり、見極めることが大切であり、半信半疑で進めることは絶対に避けた方が良いですね。

4、性犯罪に巻き込まれる罠

性犯罪に巻き込まれる少女たち

登録者だけが交流できるＳＮＳ（出会い系交流サイト）を利用して被害に遭う子どもがたくさんおります。特に**性犯罪**は、二〇一八年では十八歳未満が一八一一人、内、高校生が九九一人、中学生が六二四人、小学生が五五人、不明一四一人が被害に遭っております。

個人情報を臥せたままで、登録者間で任意に交際相手を決める仕方であり、相手がどんな人か分からない中で定まり、始める方式ですので、子どもは興味津津で交流相手を想像しながら、メールの内容や声だけで判断して、半信半疑のもと交信を繰り返していきます。

いわゆる、「**オンの世界**」での交流です。

相手が純粋に楽しい交際を求めている人であれば良いですが、下心があり性欲の対象にしようとか、お金を無心してやろうなどと目論み、しかも、悪事に長けた経験豊富な人であれば、女の子を騙すことなど簡単なことです。メールを繰り返す内、子どもは相手の思う壺に嵌ってしまいます。そうなったら大変です。その内、対面しようと約束がまとまり、相手の都合のよい場所で会うことになる訳ですから、不幸な被害に巻き込まれることになってしまいます。普通、交信し始めてから対面するまでに期間はおおよそ、一、二か月と言われています。悪い大人であったら、被害者の気持が変わらない内に、超特急で強引に話を纏めていくそうです

メールだけで交信している（**オンの世界**）内は相手の姿を想像しているだけですから、実際に対面しようということ（**オフの世界**）になり、会ってみたところ期待と全く異なる人でもあったら、例えば嫌いな体型だったとか、かけ離れて年齢を取っている人であったとかしたら、二度と会いたくないのではないでしょうか。しかし、相手があることですか

ら、相手が気に入り付き合いたいという心情が高まり、いくら断っても、了解しないで付きまとうようにさえなったら、いわゆる、**ストーカー行為**を繰り返すようになったら、相談できる人があればまだしも困ったことになりますね。

5、性犯罪を防止する取り組み

近年、出会い系交流サイトによる児童買春事件を未然に防ぐため公的機関でいろいろな取り組みがなされております。そのためか、若干、減少傾向にあるようです。

法律としては、**「インターネット異性紹介事業を利用して児童を誘引する行為の規制等に関する法律」**（出会い系サイト規制法）が平成十五年に制定されました。ここで規定される児童とは十八歳未満を言います。しかし、依然として多発することから、平成二十年に強化するための**改正**がなされました。主な内容は事業者に対しては登録者が児童でないことを確認すること、利用者に対しては児童に性交等を持ちかける行為一切が対象となります。

また、**中学校**では教育内容として、「出会い系交流サイト」は、十八歳未満の人の利用は禁止されており、安易に登録したりすると女性は性被害を被る危険性があること、また、金品を奪われる強盗や恐喝などの凶悪犯罪に巻き込まれる恐れがあることを指導することになっております。

各地域でもいろいろな対処の仕方が試みられているのではないでしょうか。例えば**大阪府**では、インターネット上に「援助交際」を希望する文言等を書き込んだ少女に対して注意を促すため、自動的にスマホなどに警告文を送る仕組みを導入しております。

あとがき

「あなたのお仕事は」……「無職です」。「人とのお付き合いは」……「耳が遠くなりましたので、話をするのが苦手になりほとんどありません」。

幼かりし小・中学生時代は、早く成長して「**勉強、勉強**」と強要されない大人になりたいと常日頃、**年齢を取ること**に憧れをいだいておりました。

よわい九十歳にもなりますと、**仕事がない**ではなくて、**出来なく**なりました。しかるに終日、新聞を読んだり、テレビを見たりして、無為にダラダラして過ごしておりますと、日記を書こうとしても書く材料がありません。人生の残り少ない一日を無駄に過ごしたなと**悔いが残る**ばかりです。

本棚の壁面に「**めりはりの付いた生活をしよう**」と標語を書いて自分に言い聞かせておりますが、しかし、それに応えるような一日を送っていない、後悔する連続の毎日です。

昨今、**学友や同僚、教え子たち**との付き合いが全くと言ってよい位、無くなりました。特に、**コロナウイルス**が蔓延し始めてから急速に無くなりました。**退職（八十五歳）**したら、幼稚園や特別支援学校などに日参して、子どもたちの授業風景を観察して過ごすのが夢でした。授業実践について何か役に立つことができれば嬉しいなと考えておりましたが、実現しませんでした。

これから先、私に出来る残されている仕事は、これまで経験してきたことを追想して、文章化して冊子にすることです。それさえも**九十歳**にもなりますと、想起する力が弱くなり、表現する能力が無くなりました。第一、パソコンに入力するのに印字が二重に見え、捉えづらくなりました。以上のような**愚たら事**を並べていても問題は何も解決しません。

とにかく、行動に移そう、回想したり、入力したりする能力がなくなる前に「**滑り込みセーフ**」で纏めようと思い立ったのが本著です。そうして達成感を味わいたいです。

昨今、**コロナウイルスの集団感染を避ける手段**として、**密閉・密集・密接の**三**密**を守ることが求められています。つまり、少人数でも最低二メートル以内での近い距離での学習は悪いとされ、学校が休校になったり、グループ学習、部活動、課外活動などが禁止されたりしました。その代わりに**電子機器を用いたオンラインによる間接授業**などが求められるようになりました。

以前、筆者らが強調していた教育は、**人と人とが共に学び合い実体験**を通して習得できるというものでした。現在でも否定されてはいませんが、コロナウイルス感染を排除する条件の下では、難しいと言っても過言ではありません。そのために子どもたちの心情に無理が生じ、報道機関に依りますと、不登校の子どもや自死の子どもが近年、多発していると報告されております。

現在、ウイルス感染は全国的に減少傾向にありますが楽観的に捉えるのはまだ時期尚早かもしれません。更にワクチン接種が徹底して大多数の国民に行き渡り、治療薬が開発されて活用されるようになれば、次第に減少していくことでしょう。

コロナ禍という現今の厳しい条件の下で発展、普及してきた**電子機器を活用したオンラ**

インによる学習は、直接対面しないで離れた位置に居ながら授業が成立する方法を提示しました。

これから先、コロナウイルス感染の心配がなくなっても、少なくとも**以前の教育**に返るということはないでしょう。子ども同士の触れ合い等、直接対応ができるようになっても、**電子機器の活用は更に発展した教育を創り出していく**のではないでしょうか。

しかし、本著で述べた「**子育て、孫育て**」の提案は、教育の仕方が如何に変わって行っても、変わらず必須であろうと確信いたします。

本書のイラスト画像は私の孫たちが小さい頃、描いた絵です。また、表紙の写真は私と孫です。妻、知鶴子は脱字や誤字を直したり、おかしい文章を正したりしてくれました。更に、私が学んでいる「パソコン教室**寺子屋**」の**寺西考史先生**と**勝谷八千穂先生**は、レイアウトや入力の仕方、表紙、イラスト画像の修正等、細かいご教示と手直しをして下さいました。お蔭でどうにか読める冊子に仕上がった感があります。お力添え戴いた皆様に心

JAPAN POST

おもしろいね!!

ことは

おともだち

おばあちゃん

ことはちゃん

0138264 1360
kotoha
prez
2
two

KOTOHA

子育て、孫育て

二〇二二年三月十八日　初版第一刷発行

著　者　田口則良

発行者　谷村勇輔
発行所　ブイツーソリューション
〒四六六・〇八四八
名古屋市昭和区長戸町四・四〇
電　話　〇五二・七九九・七三九一
FAX　〇五二・七九九・七九八四
発売元　星雲社（共同出版社・流通責任出版社）
〒一一二・〇〇〇五
東京都文京区水道一・三・三〇
電　話　〇三・三八六八・三二七五
FAX　〇三・三八六八・六五八八
印刷所　モリモト印刷

ISBN978-4-434-30134-6